Weltanschauungskonzept
eines philosophischen Laien

PETER GÜNZEL

Weltanschauungskonzept eines philosophischen Laien

Es ist alles schon einmal gedacht worden,
vielleicht nur nicht in den nachfolgend
geschilderten Zusammenhängen

Zum Autor

Dr. Peter Günzel, geboren am 22.04.1937 in Breslau hat nach der Vertreibung aus Schlesien in Forst (Lausitz) in der damaligen DDR 1955 Abitur gemacht und anschließend an der Humboldt- und der Freien Universität (FU) Berlin Veterinärmedizin studiert. Nach kurzer Tätigkeit an der FU war er 37 Jahre in der pharmazeutischen Forschung der Schering AG beschäftigt, zunächst mit der Fortbildung in Pharmakologie, Toxikologie und Versuchstierkunde, danach mit dem Aufbau der Abteilung, dem späteren Institut für Experimentelle Toxikologie, das er 33 Jahre geleitet hat.

Neben der wissenschaftlichen Arbeit war er in mehreren wissenschaftlichen Gesellschaften und Gremien auf deutscher und europäischer Ebene engagiert und hat an einer Vielzahl von Publikationen und zwei Lehrbüchern mitgewirkt.

Nach seiner Pensionierung hat er 15 Jahre lang als selbständiger Sachverständiger und Gutachter für Fragen der Arzneimitteltoxikologie für national und international engagierte Firmen, Gesellschaften und Organisationen gearbeitet.

Bibliografische Information der Deutschen Nationalbibliothek:

Die Deutsche Nationalbibliothek verzeichnet diese Publikation
in der Deutschen Nationalbibliografie;
detaillierte bibliografische Daten sind im Internet
über https://portal.dnb.de/ abrufbar.

© 2022 Peter Günzel
Titelbild: Robert Pogarell
Abbildungen und Tabellen: Klaus Jopke
Satz, Umschlaggestaltung, Herstellung und Verlag:
BoD – Books on Demand, Norderstedt

ISBN: 978-3-7568-1801-3

Inhalt

0. Apodictum

Ein Apodictum ist eine unumstößlich geltende Aussage. Im vorliegenden Fall handelt es sich in erster Linie um das methodische Vorgehen bei der Gewinnung neuer Erkenntnisse. Gemeint ist die dialektische Methodik und die Denkweise von Popper (Popper, K. 1974) bei der Erkenntnisgewinnung, d.h. die logische Reihenfolge von

Problemidentifikation ⇒ Problemanalyse ⇒ Formulierung einer Lösungshypothese ⇒ Entwicklung einer Lösungstheorie ⇒ Versuch der Falsifikation dieser Theorie ⇒ Überprüfung der Theorie durch Experiment bzw. Vergleich mit der Realität ⇒ bei Fehlschlagen der Falsifikation zum gegenwärtigen Zeitpunkt Akzeptanz dieser Theorie als die beste z.Zt. erreichbare „Wahrheit".

Diese Denkweise ist von genereller Bedeutung. Auch der Volkswirtschaftler, Ökonom und Hochschullehrer des Jahres 2016, Hans-Werner Sinn, bekennt sich dazu, wenn er sagt:

„Die Revision des bisherigen Standpunkts aufgrund neuer Fakten und wahrer Argumente ist das A und O der Wissenschaft"
(Sinn, Hans-Werner, 2018, Seite 628)

Diese Vorgehens- (Denk-) weise impliziert, dass es keine absoluten Wahrheiten gibt. Die Überprüfung der Theorie durch Experiment bzw. Vergleich der Theorie mit der Realität erfordern kluges rationales Handeln. Dabei erweist sich noch immer die alte chinesische Weisheit (Konfuzius, 551–479 v. Chr.) als relevant:

„Der Mensch hat drei Wege, klug zu handeln.
Erstens durch Nachdenken, das ist der edelste.
Zweitens durch Nachahmen, das ist der leichteste.
Drittens durch Erfahrung, das ist der bitterste."

Bei der o.g. Vorgehensweise in der Erkenntnisgewinnung, die als „wissenschaftlich" im Sinne Popper's gilt, muss immer von der letzten besten „Wahrheit" (siehe oben) ausgegangen werden. Von dieser Wahrheit (Erkenntnis) ausgehend, kann man nur zeitlich rückblickend analysieren, während über die Zukunft nur Vermutungen (Spekulationen, Hypothesenbildungen) angestellt werden können. Sichere Vorhersagen sind nicht möglich.

Allerdings gelangt man bei der rückblickenden Analyse mangels exakter wissenschaftlicher Erkenntnisse ebenfalls in den spekulativen Bereich (Vermutungen, Hypothesenbildungen etc.), jedoch mit der Aussicht, durch den anhaltenden Forschungsprozess zu neuen, besser gesicherten Erkenntnissen zu gelangen.

1. Vorwort

Mit weltanschaulichen Fragen, und zwar mit Glaubensfragen beginnend, habe ich mich schon seit früher Jugendzeit beschäftigt. Näheres dazu werde ich im nächsten Kapitel darlegen. Später kamen dann weitergehende Überlegungen dazu. Insbesondere waren es zunächst neben den Glaubensfragen die Beziehungen der Menschen zueinander, das Funktionieren der Gesellschaft mit ihren Regelgebungen (z.B. Gesetzgebung; siehe auch Kapitel 9.), die physikalischen und chemischen Zusammenhänge in unserer Welt und die Entwicklung des Universums. Während meiner beruflichen Tätigkeit im Angestelltenverhältnis bis 1997 und in den 15 Jahren danach als Freiberufler hatte ich wenig bis keine Zeit, mich intensiver mit den einzelnen Problemkreisen zu befassen und einschlägige Literatur zu lesen. Erst danach bin ich zu intensiverem Literaturstudium gekommen. In gelegentlichen Gesprächen im Familien- und Freundeskreis wurden mehr und mehr einzelne Fragen diskutiert. Allmählich begann ich die Übersicht über die Argumente zu einzelnen Fragen und Problemdiskussionen zu verlieren. Daneben fiel mir mehr und mehr auf, dass in den Gesprächen von einem Problem zum nächsten gesprungen und kein Thema konzentriert ausdiskutiert wurde. Es fehlten ein „roter Faden" und eine klare Strukturierung der Gespräche. Also begann ich etwa ab 1998 zunächst einmal meine Gedanken, Argumente und Antworten in sehr konzentrierter Form zu notieren und mein „Weltanschauungskonzept" zu entwickeln. Diese Notizen habe ich dann im Familien- und Freundeskreis an 15 Personen versandt und um kritische Diskussion gebeten. Daraufhin kamen zunächst einmal ausnahmslos vorsichtig positive bis eindeutig und einschränkungslos zustimmende Antworten und vereinzelt die Ankündigung ausführlicherer schriftlicher Rückäußerungen. Bis auf fünf, für die ich sehr dankbar bin, ist es dabei geblieben. In einzelnen Gesprächen danach habe ich allerdings den Eindruck gewonnen, dass neben der Scheu davor, sich zu diesen Dingen schriftlich festzulegen, doch erhebliche Schwierigkeiten bestanden und bestehen, sich gegenseitig verständlich auszudrücken und sicher zu stellen, dass man sich auch wirklich verstanden hat. Das lag nicht zuletzt daran, dass die einzelnen Gesprächsteilnehmer bestimmte Begriffe mit z.T. recht unterschiedlichen inhaltlichen Vorstellungen verbanden. So wurde und wird z.B. nicht deutlich unterschieden, ob mit dem Wort „Glaube(n)" gemeint ist

- ich glaube etwas, weil ich es wahrnehmen (mit den Sinnen wahrnehmen, also hören, sehen, fühlen, schmecken, riechen) und/oder verstehen kann (z.B. „ich glaube, da steht ein Auto" – weil ich es sehe; oder „dass 2 x 2 = 4 oder H_2O Wasser ist" – weil ich es weiß oder verstehe. Ich möchte das als „Realitätsglauben" titulieren,

oder

- ich glaube (ich bin gläubig), weil ich einer bestimmten Religions- (Glaubens-) Gemeinschaft angehöre (spiritueller Glaube **mit** religiöser Ideologie, sowohl **mit** als auch **ohne** Gottesglauben; letzteres z.B. im Buddhismus),

oder

- ich glaube an Gott[1] (ich bin gläubig) **ohne** einer Religions- (Glaubens-) Gemeinschaft anzugehören (spiritueller Glaube **ohne** religiöse oder weltanschauliche Ideologie),.

oder

- ich glaube an das absolute Nichts, denn irgendwoher muss das Universum (das All, der ganze Kosmos) ja kommen,

oder

- ich glaube an die ewige Existenz des Universums, aus dem der Kosmos durch den Urknall entstanden ist.

[1] *Gott, ein „übermenschliches Sein (Seiendes, Gott); Gott als ewiges unveränderliches Wesen jenseits des menschlichen Verstandes*
(Dennett D.C. 2008, S.25)

Nur die Anhänger der beiden letzten Glaubenskategorien sind wirkliche Atheisten, aber doch „gläubig". Ich erwähne das ausdrücklich, da sich relativ häufig Menschen, die keiner Religion angehören, als Atheisten bezeichnen, obwohl sie lediglich „areligiös" sind.

Aus dem oben gesagten resultiert, dass es mit Ausnahme der Realitätsgläubigen keine wirklich Ungläubigen gibt und geben kann, da keine der vier anderen genannten Glaubenskategorien auf eine wirkliche Beweisführung zurück greifen kann. Das wird in Kapitel 4 näher erläutert.

Es ist leicht verständlich, dass Missverständnisse und „Aneinander - vorbei – reden" geradezu vorprogrammiert sind, wenn die Gesprächspartner nicht geklärt haben, über welchen der fünf o.g. möglichen Inhalte des Wortes „Glaube(n)" sie diskutieren wollen.

Deshalb habe ich mich entschlossen, meine Gedanken in ausführlicherer Form darzulegen, verbunden mit der Hoffnung, dadurch das Verständnis zu fördern und die gewollt kritischen Gespräche zu erleichtern und fruchtbarer zu gestalten.

Schon an dieser Stelle eine Anmerkung zum „Realitätsglauben" (erste Glaubenskategorie, siehe oben): Er ist sowohl sprachlich wie inhaltlich ein Paradoxon. Sprachlich bedeutet doch glauben, etwas als „richtig" zu akzeptieren, was man sachlich nicht beweisen kann. Realitäten aber sind doch, wie oben bereits gesagt, Dinge, die man hören, sehen, fühlen, schmecken, riechen, verstehen, begreifen/wissen kann. Sie sind wissenschaftlich beweisbar. Insofern sind sie nicht dem „Glauben" sondern dem „Wissen" zuzuordnen. Dabei ist natürlich nicht zu vergessen, dass „Wissen" nicht „absolut wahr" sondern immer die zu einem bestimmten Zeitpunkt bestmögliche Annäherung an die Wahrheit ist (Popper'sche Definition, siehe Apodictum).

Wenn sich jemand auf diesen „Realitätsglauben" beschränkt, kann das eigentlich nur bedeuten, dass er über die letzten Dinge - woher kommt das Universum mit allem, was dazu gehört (das All) - nicht nachdenkt, weil ihn diese Dinge nicht berühren oder interessieren oder er/sie nicht darüber nachdenken will oder kann, obwohl nach dem Wesen und nach dem Grunde zu fragen das zentrale philosophische Anliegen mindestens seit Thales von Milet (6. Jahrhundert vor Christus) ist (Weischedel, W. 2017, S. 11-15).

Interessant ist in diesem Zusammenhang, dass Lee Smolin in seinem Ausblick jenseits der Quantenwelt (Smolin, Lee, 2019, S. 302-303) Leibniz (1646-1716 n. Chr.) als den Schöpfer des „Prinzips des zureichenden Grundes" zitiert. Dieses Prinzip besagt, dass sich das Universum völlig verstehen lässt d.h., dass wir für jedes Ereignis im Laufe der Evolution des Universums eine rationale Erklärung entdecken können, dass

> *„jedes Ereignis in der Geschichte des Universums durch Relationen zu anderen Ereignissen verwoben ist, die ausdrücken, welche Ereignisse eine Ursache von welchen anderen sein könnten. Diese Kausalrelationen zeichnen die Geschichte von Veränderungsprozessen auf"*
> (Smolin, Lee, 2019, S 328)

Er ist mit dieser An- und Einsicht also letztlich nicht weiter, als es Thales von Milet vor rund 2500 Jahren auch schon war. Sie bildet im Übrigen auch die Grundlage für die von mir vorgeschlagene Strukturierung der kritischen Diskussion in Kapitel 4. Sie bildet dort den Ausgangspunkt für den „Start" der kritisch-rationalen Diskussion auf der Ebene 1 (siehe Kapitel 4).

Wie oben bereits dargelegt, habe ich mich mit weltanschaulichen Fragen von früher Jugend (nach meiner Konfirmation mit 14 Jahren) gedanklich beschäftigt, d.h. meine Ansichten durch eigene Überlegungen „errungen" und weiterentwickelt. Erst nach dem Ausscheiden aus dem Berufsleben bin ich dazu gekommen, ein wenig in die einschlägige Literatur einzusteigen.

Dabei habe ich, in für mich zunächst überraschender Weise, den Eindruck gewonnen, dass in der Welt der Philosophie nahezu alles schon einmal gedacht wurde; deshalb auch die Wahl der Überschrift zu diesem Papier. Das „zunächst überraschend" möchte ich allerdings gleich wieder relativieren. In den ca. 6000 Jahren unserer Kulturgeschichte hat sich der Mensch biologisch im Sinne der Evolution nicht in für uns erkennbarer Weise weiterentwickelt, auch wenn es in ca. 10 000 Jahren dokumentierter DNA-Geschichte einige nachweisbare Veränderungen der menschlichen DNA gegeben hat (Hawking,S., 2018, S. 101). In der Zeitrechnung der Evolution (ca. 10^5-10^9 Jahre) ist der Zeitraum von 6000 Jahren für deutlich wahrnehmbare evolutionäre Qualitätsänderungen der Spezies Mensch jedoch viel zu kurz.

Ein Bit Information ist die Antwort auf eine ja/nein-Frage. Hawking (2018, S.: 101) schätzt die Gesamtmenge der nützlichen Informationen in unseren Genen auf etwa 100 Millionen Bits. Möglicher Weise ist sie noch viel größer, da noch nicht alle Sequenzen der etwa 3 Milliarden Basenpaare hinsichtlich ihres Informationsgehalts entschlüsselt sind. So hätte das Genom des Menschen mit etwa 3,27 Milliarden Basenpaaren einen maximal möglichen Informationsgehalt von 6,54 Milliarden Bit (Wikipedia , Genom, 2021). Bleibt man jedoch bei der Schätzung von Hawking (siehe oben), haben sich in der etwa 20 Millionen Jahre währenden Entwicklung des Menschen aus den gemeinsamen Vorfahren mit den Affen die nützlichen Informationen der menschlichen DNA nur um einige Millionen Bit verändert. Daraus ergibt sich, dass die biologische Evolutionsrate im Menschen nur ungefähr ein Bit pro Jahr beträgt (Hawking. S., 2018, S.: 102-103). Mithin dürfen wir davon ausgehen, dass sich das menschliche Gehirn und das Denkvermögen im Zeitraum unserer Kulturgeschichte (ca. 6000 Jahre) und Zivilisation [(ca. 10 000 Jahre; wenn man das Alter der ältesten Höhlenmalereien als Ausgangspunkt wählt, ca, 37 000 Jahre) (Wikipedia 27.08.2017)] nicht oder zumindest nicht wesentlich verändert haben (siehe auch Hawking, S., 2018, S.: 184 und 204). Deshalb ist gar nicht so erstaunlich, dass schon die antiken Philosophen zu Einsichten gelangt sind, die uns heute auf Grund der kolossalen Fortschritte der Wissenschaften, insbesondere auf den Gebieten der Physik (und Astrophysik), Chemie (und Astrochemie), Astronomie und Mathematik sehr viel leichter fallen. So hat z.B. etwa 300 Jahre v. Chr. der Philosoph Aristarch von Samos aus seinen Studien über Mondfinsternisse abgeleitet, dass die Erde um die Sonne kreist. Ferner war er der Ansicht, dass die Sterne Sonnen in sehr viel weiterer Entfernung sind und das Universum bestimmten Prinzipien oder Gesetzen gehorcht (Hawking, 2018, S. 50-51). Geradezu phantastisch finde ich die weise Ansicht des Thales von Milet bereits im 6.Jahrhundert vor

Christus, dass in der Welt ein einheitliches Prinzip („ein mächtig Göttliches")
waltet, aus dem sich alles, was ist, entwickelt hat (Weischedel, W., 2017, S.
17). Das entspricht exakt der Ansicht und Einsicht des z.Zt. berühmtesten
theoretischen Physikers Hawking (siehe Kapitel 4 und 5).

2. Mein Weg vom traditionellen (christlich-evangelischen) spirituellen Glauben zur religions- und ideologiefreien philosophischen Betrachtung der Welt

Die nachfolgenden Notizen sind der Extrakt meiner Überlegungen und Studien zu weltanschaulichen Problemen, mit denen ich bald nach meiner Konfirmation im 15. Lebensjahr begonnen habe. Auslöser war mein Empfinden der Widersprüchlichkeit des Christentums in sich und die Vermessenheit, vermeintlich zu wissen, was Gott will (intensive Gespräche mit Pfarrer Fiebig in Groß-Kölzig 1951).

Der fundamentale Widerspruch ist auch heute noch für mich:
Einerseits heißt es „ …vor Gott sind alle Menschen gleich" (Bibel, Roemer 2:11), andererseits „Jesus spricht zu ihm: Ich bin der Weg und die Wahrheit und das Leben; niemand kommt zum Vater denn durch mich" (Bibel, Johannes 14:6). Letzteres setzt also zwangsläufig voraus, dass ein Mensch Christ sein muss, „um zu Gott zu kommen". Dabei unterstelle ich einmal, dass mit dem „zu Gott kommen" sowohl der Glaube an Gott als auch der Glaube an die Wanderung der Seele zu Gott nach dem Ableben gemeint sind. Fatal ist auch die Unterteilung in Christusgläubige und -ungläubige, wie das Gleichnis vom Weltgericht (Matthäus25, 31-46) zeigt, in dem der kommende Menschensohn als Weltenrichter die Völker zu sich ruft, um sie zu richten. Er unterteilt sie als Hirte in Schafe (die Guten) und Böcke (die Bösen). Oder: „Wer da glaubt und getauft ist, der soll selig werden, wer aber nicht glaubt, der soll verdammt werden" (Markus 16,16). Oder: „Dann übt er Vergeltung an denen, die Gott nicht kennen, und dem Evangelium Jesu, unseres Herrn, nicht gehorchen…., mit ewigem Verderben werden sie bestraft" (2. Thessalonicher 1,7-9). Oder: „Wer den Herrn nicht liebt, der sei verflucht" (1. Korinther 16,22).
Sehr eindrücklich schildert Voltaire die Absonderlichkeiten der christlichen Kirche:

*„Dieser Herrscher (gemeint ist der christliche Gott, Gü.) , der das, was wir
Gerechtigkeit nennen, in verschwenderischer Fülle besitzt, dieser Vater, der
seine Kinder so unendlich liebt, dieser Allmächtige soll Wesen nach seinem
Bilde geschaffen haben, um sie alsbald durch einen bösen Geist in Versuchung
zu führen und der Versuchung erliegen lassen, um Wesen, die er unsterblich
geschaffen hatte, sterben zu lassen, um ihre Nachkommenschaft mit Unglück
und mit Verbrechen zu überhäufen? Und das ist noch nicht der empörendste
Widerspruch für unsere schwache Vernunft. Wie kann Gott, der später das
Menschengeschlecht erlöst durch den Tod seines einzigen Sohnes oder vielmehr, da er ja selbst Mensch wird und für die Menschen stirbt, durch seinen
eigenen Tod, fast das gesamte Menschengeschlecht, für das er gestorben ist,
dem Schrecken ewiger Qualen preisgeben? Betrachtet man diese Lehre als
Philosoph, dann ist sie gewiss ungeheuerlich, abscheulich. Sie macht aus Gott
die Bosheit selbst".*
(Weischedel, W., 2017, S. 184-185)

Nun sind aber nur etwa 1/3 der Menschen auf der Welt (ca. 2,3. von ca. 6,9
Milliarden in 2010) Christen, und Christen gibt es überhaupt erst seit ca.
2000 Jahren. Was ist mit all den Anderen, die keine Christen sind? Noch
schlimmer: was ist mit all den Menschen, die seit der Frühzeit der Menschheit, d.h. seit etwa 8-10 Millionen Jahren auf der Erde gelebt haben? Sie alle
sollen nicht zu Gott kommen können/gekommen sein? Da erscheint mir die
Gottvorstellung der Christen doch allzu limitiert und das Christentum un-
geheuer anmaßend! Das trifft natürlich prinzipiell auch für alle anderen
Religionen mit derartigen Ansprüchen zu.

Über die Widersprüchlichkeit der christlichen Religion hinaus war ich auf
der **Suche nach einem Glaubensbekenntnis, das mit wissenschaftlicher
Erkenntnis vereinbar sein und durch Wissenschaftsfortschritt nicht in
Frage gestellt werden sollte.** Hierzu bemerkenswerte Zitate, auf die ich nach
2010 gestoßen bin und die mich in der Abkehr vom Christentum bestärkt
haben:

„Also vielleicht doch die „Creatio ex Nihilo", die Schöpfung aus dem Nichts?

Liegen vielleicht die Theologen und die Kosmologen gar nicht so weit auseinander? Ist Gott das Nichts?" (Hasinger, Günter, 2008). *„Ich denke ‚das Universum ist spontan aus dem nichts entstanden, aber ganz in Übereinstimmung mit den Naturgesetzen"*
(Hawking, S, 2018, S. 53).

Allerdings kommt auch Hawking nicht um den Schöpfungsgedanken herum, wenn er sagt:

„...wer die Naturgesetze kennt, (kennt, Gü.) die Gedanken Gottes".
„wir werden am Ende dieses Jahrhunderts wissen, was Gott denkt",

wobei er durchaus Gott als Gesetzgeber für die Naturgesetze in Erwägung zieht (Hawking, S. 2018, S. 53), jedoch der Ansicht ist, dass

„der Ursprung des Universums offenbar dem Zugriff
der Wissenschaft entzogen" ist.
(Hawking, S., 2018, S. 75)

"Es ist höchst beeindruckend, welch allumfassende haargenaue Feinabstimmung im Universum beobachtet werden kann. Es ist so spannend wie bitter, dass der Grund dafür unbekannt ist und vielleicht auch immer unbekannt bleiben wird."
(Zitlau, R., 2013)

„Si Dieu n'existait pas, il faudrait l'inventer."
(Wenn es Gott nicht gäbe, müsste man ihn erfinden)
(Voltaire, 1786).

Voltaire kommt zu dieser Einsicht aufgrund folgender Überlegung:

„Jedes Werk, das Mittel und Zweck erkennen lässt, kündet von einem Schöpfer; also deutet das Weltall, zusammengesetzt aus Kräften und Mitteln, die

*alle ihren Zweck haben, auf einen allmächtigen, allwissenden Urheber. Das
ist eine Wahrscheinlichkeit, der größte Gewissheit zukommt"*
(Weischedel, W., 2017, S. 186-187).

*"Die Quantenmechanik ist sehr achtunggebietend. Aber eine innere Stimme
sagt mir, dass das noch nicht der wahre Jakob ist. Die Theorie liefert viel, aber
dem Geheimnis des Alten bringt sie uns kaum näher." „Ich glaube an Spinozas
Gott, der sich in der gesetzlichen Harmonie des Seienden offenbart, nicht an
einen Gott, der sich mit dem Schicksal und den Handlungen der Menschen
abgibt"*
(Einstein, 1879-1955).

Wenn das Wort „Glaube" in den nachfolgenden Ausführungen benutzt wird,
muss immer daran gedacht werden, dass der spirituelle Glaube der Glaube
an ein höheres, „übermenschliches Sein (Seiendes, Gott; Gott als ewiges
unveränderliches Wesen jenseits des menschlichen Verstandes"; Dennett
D.C. 2008, S. 25) ohne ein integriertes entsprechendes Weltbild oder aber
der Glaube in einer Religion oder Weltanschauung (siehe Kapitel 1) gemeint
sein kann. Natürlich beinhaltet der Glaube in einer Religion auch das über-
menschliche Seiende, ganz gleich, ob es sich um eine der dominierenden
klassischen Religionen oder eine Naturreligion handelt, also Gott, Götter,
Geister und Ähnliches.

Wenn Einstein die gesetzliche Harmonie des Seienden bewundert, ist es eigentlich folgerichtig, nach dem Gesetzgeber zu fragen, der logischer Weise
über dem Gesetz anzusiedeln wäre. Tut man dieses, landet man automatisch
auf der Ebene „0" meiner „Hierarchisch gegliederten Ebenen zur Strukturierung der kritisch-rationalen Diskussion" (siehe Kapitel 4), d.h. bei Gott
oder dem absoluten Nichts. (siehe oben Zitat Hasinger, G. 2008). Zu dieser
Ansicht gelangt auch der theoretische Physiker Lee Smolin wenn er sagt,
dass es aus der imaginären Perspektive eines gottgleichen Beobachters keine
Wahrscheinlichkeiten gibt. Der gottgleiche Beobachter ist logischer Weise
Außerhalb des Universums anzusiedeln (siehe Ebene „0" der „Hierarchisch

gegliederten Ebenen...). Wir sind aber nicht gottgleich, sondern Beobachter (und Denker, Gü.) innerhalb des Universums (Lee Smolin 2019, Seite 222), Wer sich dem Realitätsglauben (siehe Kapitel 1) verbunden fühlt, kann folglich die Diskussion erst auf der Ebene „1" der „Hierarchisch gegliederten Ebenen..." (siehe Kapitel 4) beginnen.

Dazu weiter Einstein:

> „Jedem tiefen Naturforscher muss eine Art religiösen Gefühls nahe liegen, weil er sich nicht vorstellen mag, dass die ungemein feinen Zusammenhänge, die er erschaut, von ihm zum ersten Mal gedacht werden.
> Im unbegreiflichen Weltall offenbart sich eine grenzenlos überlegene Vernunft."

> „Meine Religion (gemeint ist wohl Glaube, Gü.) besteht in einer demütigen Beziehung zu einer unbegrenzten geistigen Macht, die sich selbst in den kleinsten Dingen zeigt,"
> „Gott stelle ich mir überhaupt nicht vor, sondern begnüge mich damit, die Struktur der Welt zu bewundern, soweit sie sich in unserem schwachen Erkenntnisvermögen überhaupt offenbart."

Allerdings schrieb er in einem seiner letzten Briefe im Jahr 1954 an den Philosophen Eric Gutkind (zitiert aus: Beutelsbacher, Stefan, Was Einstein in seinem „Gottesbrief" schrieb; https://www.welt.de/wirtschaft/article 185032492/Christie-s-Einsteins Gottesbrief... 07.02.2018):

> „Das Wort Gott ist für mich nichts als Ausdruck und Produkt menschlicher Schwächen, die Bibel eine Sammlung ehrwürdiger, aber doch reichlich primitiver Legenden. Keine noch so feinsinnige Auslegung kann (für mich) etwas daran ändern."

Was die Äußerung Einsteins zur Bibel anbetrifft, stimme ich voll zu. Sein Urteil über die Bibel gilt wohl auch für alle anderen religiösen

Ursprungsschriften (z.B. Koran, Thora etc.). Dem pflichte ich gern bei, möchte aber die prinzipiellen Inhalte von Bibel und anderen derartigen Schriften um einige Punkte erweitern: neben Legenden enthalten sie Mythen, Märchen, Regeln und Empfehlungen zur jeweiligen spirituellen Lebensweise, darüber hinaus aber auch eine Fülle von zeit- und kulturkreisabhängigen Lebensregeln und, nicht zu vergessen, auch zeit- und kulturkreis**un**abhängigen Lebensregeln, wie z.B. einige der 10 Gebote der christlichen Religion (siehe Kapitel 9). Sie ist eine Synthese von Geschichte und Literatur (Friedman, R.E., 2021, Seite 322). Allein die hebräische Bibel ist im Verlauf von fast 1000 Jahren geschrieben worden. Es dauerte nochmals ein paar 100 Jahre, bis die Christen das Neue Testament hinzufügten (Friedman, R.E. 2021, Seiten 324-325).

Es bleibt aber festzuhalten, dass alle diese Schriften rein menschliche Produkte sind, auch wenn Religionsstifter (Moses, Jesus von Nazareth, Mohammed), Propheten und andere Autoren glauben machen wollten, dass es sich um vermeintliche „göttliche" Eingebungen handle. Manches mag auch durch den Stand des Wissens z.Zt. der Entstehung der jeweiligen Schriften zu erklären sein. Das sogenannte „Wort Gottes" ist eine rein menschliche Erfindung mit recht unterschiedlichen Autoren. So verbergen sich z.B. hinter den fünf Büchern Mose, dem sog. Pentateuch, mindestens fünf, vermutlich sogar noch mehr Autoren (Friedman, R.E. 2021, Seiten 328-342). Der Begriff „Wort Gottes" mag auch gewählt worden sein, um die Durchschlagskraft der Aussagen zwecks Überzeugung der Zuhörer und zur Machtausübung zu erhöhen.

Einsteins letzte Ansicht zu Gott (siehe oben) steht jedoch in Widerspruch zu früher von ihm geäußerten Meinungen (siehe oben) und deutet darauf hin, dass er im hohen Alter zum wahren Atheisten geworden ist. Das Wort „Gott" als Ausdruck und Produkt menschlicher Schwächen" zu halten, betrachte ich als sehr persönliche Ansicht, die zwar für manche Menschen zutreffen mag, aber sicher nicht generalisiert werden darf. Ich würde es tun, wenn Einstein als Ursache allen Seins eine überzeugende Erklärung liefern würde. Das tut und kann er wohl auch nicht – und das wird wohl auch nie jemand können! Dazu einige weitere Zitate:

Ein jenseits des menschlichen Fassungsvermögens angesiedeltes Phänomen lässt sich nicht mehr von der Schöpfung eines Gottes (besser: „von Gott"; Gü.) unterscheiden.
Clegg, Brian (2013, S.17)

Er nahm einen transzendenten, unwandelbaren und gestaltlosen „obersten (ersten)" Gott an, in dem er die Ursache des Wissens und des Seins sah. Diesen Gott hielt er für nicht unmittelbar erkennbar, doch könne man sein Dasein indirekt erschließen. Der Oberste Gott habe weder einen Namen noch Anteil an einer bestimmten Seinsweise; man dürfe ihm daher keine Eigenschaften zuschreiben.
Kelsos, auch Celsus (ca. 178 nach Christus, Wikipedia (23.06.2016)

Der niederländische Philosoph Spinoza (1632-1677) formuliert:

„Gott, die erste Ursache aller Dinge und auch die Ursache seiner selbst, gibt sich selbst durch sich selbst zu erkennen".
(Weischedel, w., 2017, S. 167)

3. Mein jetziges Glaubensbekenntnis und seine Einordnung in die spirituelle Welt

Durch Ableitung aus meinem naturwissenschaftlichen Grundwissen und kritisches Hinterfragen des mir durch meine Erziehung (Eltern, Verwandte, Lehrer, Geistliche) vermittelten christlichen Weltbildes mit Hilfe der kritisch-objektiven Methode (Popper, 1974) bin ich zu folgenden Einsichten gelangt:

Mit Hilfe wissenschaftlich-logischer Denkprozesse und Untersuchungsmethoden einer ganzen Reihe von Fachdisziplinen (Anthropologie, Biologie, Chemie, Physik incl. Astrophysik und Astronomie, Mathematik) kann die Geschichte des Alls (das kosmologische physikalische, chemische, biochemische und biologische Evolutionsgeschehen (siehe Kapitel 5), beginnend mit der Gegenwart (Menschen, Wissens- und Theoriestand) bis hin zum Urknall vor ca. 13,7 Milliarden (ca. 13,7 x $10^{9)}$ Jahren, rückblickend analysiert und beschrieben werden. Wir sind Beobachter (Denker), die innerhalb des Universums leben (Smolin, Lee, 2019, Seite 222). Zu mehr als dem o.g. Analyseprozess ist das menschliche Zentrale Nervensystem nicht fähig. Am Ende dieses rückblickenden Prozesses ist lediglich ein Ausblick (Projektion, das Schließen, intentionales Denken, imaginäre Perspektive) als „ultima Ratio" im wahrsten Sinne des Wortes auf die Ebene 0 (siehe Tabelle „Hierarchisch gegliederte Ebenen..., Kapitel 4) möglich. Auf dieser Ebene kann man mit dem „Willen zum Sinn" (ich bin der Meinung, dass mein Leben einen Sinn hat; siehe Kapitel 8.2.) oder, weil man gedanklich nach einem persönlich akzeptablen Ausgangspunkt sucht, zu Gott gelangen. Wer auf den Glauben an Gott bewusst verzichtet, landet ebenso zwangsläufig bei dem Glauben an das „absolute Nichts". Aber, beide, sowohl „Gott" als auch „das absolute Nichts", sind letztlich Resultate oder Objekte eines intentionalen (tentativen, zielgerichteten) Denkprozesses und damit keine realen Fakten sondern nur dem Glauben zuzuordnen! (sich etwas erdenken; Ebene 0, siehe Tabelle „Hierarchisch gegliederte Ebenen zur Strukturierung der kritisch-rationalen Diskussion", Kapitel 4 und Abb.1).

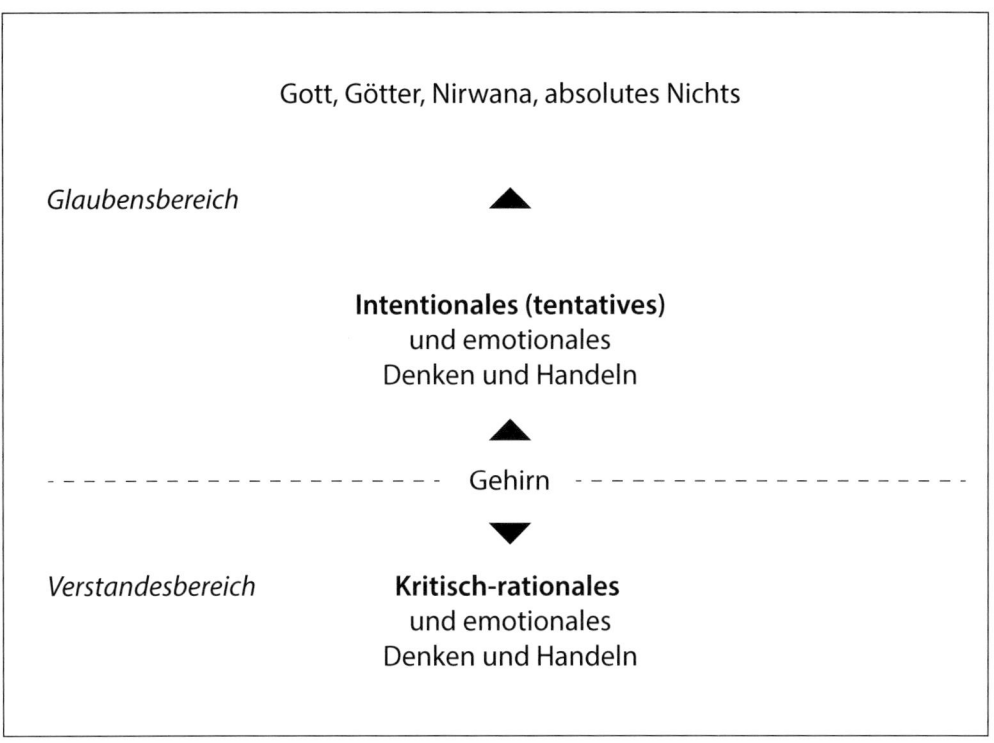

Abb.1: Denkweisen der Menschen

Das **intentionale (tentative) Denken** stellt einen zielgerichteten Denkprozess dar, der eine ganz bestimmte beabsichtigte Richtung verfolgt, aber **niemals Beweiskraft erlangt**.

Das **emotionale (irrationale) Denken und Handeln** erfolgt gefühlsmäßig (gefühlsbedingt), wird in der Umgangssprache auch als „aus dem Bauch heraus Denken und Handeln" oder als „Bauchgefühl" bezeichnet und ist zunächst ohne Beweiskraft. Später mag sich im Verstandesbereich herausstellen, dass es entweder richtig war oder sich als falsch erwiesen hat.

Kritisch-rationales Denken und Handeln ist stets faktenbasiert, logisch, vernünftig und schließt die Beweismöglichkeit ein. Als „Beweis" gilt die zu einem bestimmten Zeitpunkt erreichbare bestmögliche „Wahrheit", die jedoch nach Popper (1974) stets relativ ist (siehe Kapitel 0 und 1).

Einen Sonderfall stellt das triebhafte Denken und Handeln dar. Ursache ist ein innerer Reiz, der zu einer als unangenehm empfundenen Triebspannung führt, die eine Verminderung durch die partielle oder vollständige Reizbefriedigung erfordert. In der Mehrzahl der Fälle steht dieses triebhafte Denken und Handeln im Zusammenhang mit den primären Grundbedürfnissen des Menschen (siehe Kapitel 7.1.)

Hinsichtlich des Glaubens ist für mich das „absolute Nichts" als Ausgangspunkt nicht akzeptabel. Ich glaube deshalb an Gott als den Initiator (Schöpfer) des Universums. Beruhigend ist für mich dabei, dass ich in diesem Punkt offensichtlich in völliger Übereinstimmung mit einem der größten theoretischen Physiker der Gegenwart, Stephen Hawking, denke, der formulierte, dass der Ursprung des Universums offenbar dem Zugriff der Wissenschaft entzogen ist (Hawking, S., 2018, S.75).

Daraus ergibt sich für mich folgendes Glaubensbekenntnis:

Ich glaube an Gott, den Initiator (Schöpfer) des Universums (Alls)
und fühle mich mit diesem Bekenntnis, wie nachfolgend dargelegt, nicht allein:

„Jedes Seiende ist Wirkung einer Ursache,
also gibt es eine erste, unverursachte Ursache"
Thomas von Aquin (1225-1274) zit. nach Scobel, 2010;

"... vor der Schöpfung gab es einfach nur Gott, weder Zeit noch Raum .... es
machte keinen Sinn, zu fragen, was Gott damals tat, denn es war kein Damals
(kein „Davor" Gü), wo es keine Zeit gab"
(Augustinus, 354-430 n. Chr.) zit. nach Clegg, 2013, S. 206).

Auch Aristoteles (384-322 vor Christus) war schon der Ansicht, dass die Welt von einem ersten Bewegenden, der selbst unbewegt war, ihren Ausgang nahm (Weischedel, w., 2017, S. 67) und formulierte:

„Gott ist Geist oder noch über den Geist hinaus"
(Weischedel, w., 2017, S. 68).

Der Philosoph Plotin (3.Jahrhundert n. Chr.) sieht in Gott „das reine Eine", das über Sein und Geist steht und größer ist, als wir überhaupt aussagen können (Weischedel, w., 2017, S. 85).

   Es ist klar ersichtlich, dass alle diese Ansichten über Gott spekulativ sind und schlussfolgernd aus dem intentionalen Denken resultieren (siehe Kapitel 4).

Thomas von Aquin formuliert:

„Das höchste Wissen von Gott, das wir in diesem Leben erlangen können, besteht darin, zu wissen, dass er über allem ist, was wir von ihm denken können"
(Weischedel, w., 2017, S. 117).

Gott ist also ewig (zeitlos), unendlich (räumlich) und allmächtig (kann alles) – und damit für uns unvorstellbar, d.h. er liegt außerhalb unseres Denkvermögens, außerhalb des Leistungsvermögens unseres, des menschlichen, Zentralnervensystems; er ist eine für den Menschen einzigartige, immerwährend unbegreifliche Qualität. Daraus folgt: Wir können weder wissen noch glauben, wer, was, wie und wo Gott ist. **Wir können nur glauben, dass Gott ist**. Wir können sein Handeln nicht verstehen und interpretieren. Das bedeutet zwangsläufig, dass wir auch **keinen Anlass haben, zu glauben, dass Gott in unser alltägliches Leben anders, als über die geltenden Naturgesetze eingreift** (siehe auch Kapitel 5). Interessant ist in diesem Zusammenhang auch die Ansicht des 44. Präsidenten der USA, Barack Obama, der sich im ersten Band seiner Präsidentschaftserinnerungen (Obama, B., 2020) wie folgt äußert:

„Ich habe den Verdacht, dass Gottes Plan, worin auch immer er besteht, viel zu groß ist, um die Irrungen und Wirrungen der Sterblichen zu berücksichtigen.

Wir können nicht mehr tun, als unser Leben an dem auszurichten, was in unseren Augen richtig ist, und versuchen, in unserer Verwirrung einen Sinn zu finden, um mit Eleganz und Würde Karten auszuspielen, die uns gegeben wurden."

Dass wir keine Vorstellung und kein Wissen über Gott haben, entspricht im Übrigen der alttestamentarischen Glaubensvorstellung und -anweisung zu der Frage nach Gott:

„Ich bin der ich bin", „Ich bin der Seiende"

(Septuaginta: älteste Übersetzung des Pentateuch, der fünf Bücher Mose, und späterer alttestamentarischer Texte aus dem Hebräischen in das Altgriechische, ca. 250 v. Chr.-100 n. Chr.);

„Du sollst Dir kein Bildnis noch irgendein Gleichnis machen,..."
(Bibel 2. Mose 20,4).

Die Weisheit dieser Aussagen bereits vor ca. 4000-5000 Jahren (vermutliches Alter des Pentateuch, der zunächst nur mündlich überlieferten fünf Bücher Mose) ist bewundernswert. Die Befolgung dieser Anweisungen ist jedoch für Christen offensichtlich verloren gegangen. Anscheinend sind die meisten Menschen nicht in der Lage, auf ein Bildnis zu verzichten. Das scheint für alle Religionen und Weltanschauungen mit Ausnahme der Moslems und der Nihilisten, welch letztere an das „absolute Nichts" glauben, zuzutreffen (siehe Ebene „0" der „Hierarchisch gegliederten Ebenen zur Strukturierung der kritisch-rationalen Diskussion", Kapitel 4). Vermutlich liegt das daran, dass das menschliche Denken von dem Denken in Bildern nicht zu trennen ist. Dieses Denken in Bildern ist vermutlich die Ursache dafür, dass die meisten Menschen dazu neigen, bei dem Nachdenken und Reden über Gott – entgegen der alttestamentarischen Empfehlung, sich kein Bild von Gott zu machen – sofort damit beginnen, bildhafte Vorstellungen und diesen entsprechende Symbole (z.B. Gott als Vaterfigur, Jesus als Person, das Kreuz als

Symbol, Heiligenbilder, Totempfähle, Buddha-Statuen) zu entwickeln. Nur so ist wohl zu erklären, dass in allen bekannten Religionen mit Ausnahme des Islam bildhafte Vorstellungen entwickelt und auch dargestellt, als eine Art Stellvertreter Gottes angesehen und sogar angebetet werden. Selbst im Buddhismus, eigentlich keine Religion, sondern eine Weltanschauung ohne Gottesglauben mit dem Ziel der unveränderlichen Seelenruhe (Nirwana), wird der Begründer, Siddhartha Gautama (ca. 563-483 vor Christus; Maht, K.-H., 1981, S. 44), quasi in den „Gottesrang" erhoben, als Statue dargestellt und entsprechend verehrt und angebetet.

Das Gebet ist der Versuch einer Kommunikation mit Gott. Die Kommunikation mit Gott ist mit den irdischen Kommunikationsformen (verbale und/oder physische Botschaft zum Kommunikationspartner mit darauf folgender Erwiderung/Rückäußerung („Feed back") nicht vergleichbar. Die Kommunikation mit Gott von Seiten des Menschen, das Gebet, besteht in einer einseitigen Botschaft von Mensch zu Gott. Es gibt kein gleichartiges „feed back". Die Rückäußerung besteht bestenfalls in dem psychischen (seelischen) Gefühl der Geborgenheit und dem Glauben, dass Gott dem Betenden hilft. Ob das Beten dem Seelenleben des Einzelnen hilft, kann nur jeder selbst herausfinden. Die individuell empfundene Hilfe kann allerdings zu deutlichen physischen Konsequenzen führen. Die positive Wirkung von Gebeten und Meditation [MBSR (Mindfulness-Based-Stress- Reduction), TM (Transzendentale Meditation), Mindfulness-Based Eating Awareness Training (MBEAT), Chakra-, Klangschalen- und buddhistische Meditation] auf die Gesundheit ist medizinisch bestätigt. Sie äußert sich in positiven Einflüssen auf Neuroplastizität, Angsterkrankungen, Mitgefühl, Migräne, Stressreduktion, Cortisolabfall, Bluthochdruck, Linderung oder Beseitigung von Herzrhythmusstörungen, chronischen Schmerzen, Immunsystem, Darmerkrankungen, Essstörungen und leichten bis mittelschweren Depressionen.

„Der Geist kann den Körper auf molekularer Ebene beeinflussen"
(Jon Kabat-Zinn zitiert nach Hartmann-Wolff et al. 2016).

Beim Gebet werden die Atemfrequenz vermindert, die Konzentration und innere Ruhe sowie das Gefühl von Schutz und Geborgenheit mit entsprechend positiven Wirkungen auf psychische Reserven und endogene Heilkräfte (positive psychosomatische Wirkungen; siehe Kapitel 8.3.) gefördert (heilende Wirkung von Gebet und Meditation; Moser, I., 2016).

Meinem oben dargelegten Glaubensbekenntnis und seiner Begründung folgend bete ich:

„Vater unser, der Du bist.
Dein Wille geschieht.
Im Glauben an Dich fühle ich mich demütig und geborgen,
dafür bin ich dankbar.
Amen"

Dieses Gebet bedarf trotz der vorangegangenen Ausführungen für den Außenstehenden sicher einiger Erläuterungen:

Zunächst einmal ist der Wortlaut in der Anrede sichtbar angelehnt an das traditionelle „Vater unser" der Christen. Das resultiert ganz einfach aus meiner christlichen Erziehung – die Anrede ist mir innerlich vertraut. Der ganze erste Satz drückt meine tiefe Überzeugung aus (siehe oben).

Der zweite Satz bedeutet für mich, dass hinter der **gesamten kosmischen Evolution** (siehe Kapitel 5) der **Wille Gottes** steht. Die gesamte kosmische Evolution beinhaltet den gesamten Kosmos (das Universum mit mehr als 200 Milliarden Sonnen), d.h. unter anderem, unsere Welt, so wie sie ist, mit allen von uns als positiv und negativ empfundenen Seiten. Demnach gehören auch alle Unglücke, Mord und Totschlag, Naturkatastrophen und Kriege, Lug und Trug und alle anderen von uns als positiv und negativ bewerteten Seiten des gesamten Kosmos und der terrestrischen Natur, darunter auch des Menschen und der menschlichen Gesellschaft, dazu. Da wir Gottes Willen nicht kennen und deshalb auch keine Interpretationen dieses Willens vornehmen können, bleibt uns nur übrig zu folgern, dass Gott über allem steht. Über allem stehen bedeutet, dass Gott der Initiator der kosmischen Evolution (siehe Kapitel 5) ist. Die kosmische Evolution verläuft gemäß den Naturgesetzen, für die dann Gott der Gesetzgeber ist. Damit ist nach meinem Glauben seine Funktion erfüllt. **Wir haben weder Anlass noch Hinweise darauf, dass er sich über den Initiationsakt (Schöpfungsakt) hinaus in den Ablauf der kosmischen Evolution, mithin auch unser Leben, einmischt.**

Der dritte Satz macht deutlich, dass aus dem Glauben an etwas, das größer ist als alle menschliche Vernunft, für mich ein Gefühl der Demut, Gelassenheit und psychischen Geborgenheit erwächst, die insgesamt zu meiner inneren Ruhe führen, für die ich dankbar bin und die mir persönlich Stabilität verleiht.

Das „Amen" am Ende des Gebets ist mir wiederum aus meiner christlichen Erziehung geläufig und vertraut. Es bedeutet inhaltlich eine Bekräftigung der vorangegangenen Aussage in dem hebräischen Wortsinn „so soll es sein" (àman).

Auch der Philosoph Schelling interpretiert Gott als Punkt der Einheit, in dem alle Gegensätze der Wirklichkeit ihren gemeinsamen Ursprung haben (Weischedel,W., 2017, S. 248). Der Wille Gottes ist also nichts Anderes als die von Menschen bisher entschlüsselten Naturgesetze. Für diese ist Gott der „Gesetzgeber". Sie stellen quasi das Grundgesetz für den Kosmos und seine Entwicklung dar, wobei anzumerken ist, dass wir mit der Entschlüsselung der Naturgesetze noch keineswegs am Ende sind.

Diese Einsicht führt zu der gravierenden Konsequenz, dass für die Gestaltung des gesamten menschlichen Lebens auf diesem Planeten die Menschen selbst verantwortlich sind, soweit es sich nicht um terrestrische Naturereignisse (z.B. Vulkanausbrüche, Erdbeben, Tsunamis) oder extraterrestrische Einflüsse (z.B. Kometeneinschläge, Weltraumstrahlung) handelt.

Da wir Gott nicht verstehen und interpretieren können (siehe oben), haben wir als Menschen weder das Recht noch die Veranlassung, jemand anderen als uns selbst für das Leben auf dieser Erde in der menschlichen Gemeinschaft verantwortlich zu machen. Diese Auffassung und Einsicht ermöglicht es uns, das Geschehen auf dieser Welt auf den „Hierarchisch gegliederten Ebenen zur Strukturierung der kritisch-rationalen Diskussion" 1-4 (siehe Kapitel 4) ohne Berufung auf jegliche spirituelle Richtungen zu betrachten.

Die spirituellen Diskussionen sind ausschließlich der Ebene „0" (siehe dort) vorbehalten und entziehen sich damit der rationalen Analyse. Wenn jemand dennoch den spirituellen Glauben auf den Ablauf der Dinge auf die Ebenen 1 bis 4 ausdehnt und der Meinung ist, Gott greife direkt in das Leben der Menschheit und jedes Einzelnen ein, bedeutet dies, um es mit Kirkegaard etwas drastisch, aber wohl zutreffend, zu sagen:

> *„den Verstand zu verlieren, um Gott zu gewinnen"*
> (Weischedel, W., 2017, S. 285).

Mit meinem Glaubensbekenntnis und Gebet ist mein Glaubens- und Transzendenzbedürfnis erfüllt.

Die in Kapitel 2 angeführten Zitate bestärken mich in dieer meiner Einstellung. Ich bedarf keiner Religion, die ohnehin nur reines „Menschenwerk" ist! Überraschend ist für mich, dass zu diesem „Ergebnis" bereits Kelos (Celsus), der u.W. erste Kritiker des Christentums, ca. 178 nach Christus gelangt ist (Wikipedia 23.06.2016). Seine, und u.W. die erste, Streitschrift gegen das Christentum entstand also bereits im 2. Jahrhundert und beschreibt als prekärste Punkte die Mixtur christlicher Lehren aus Judentum, stoischen, platonischen, ägyptischen, persischen Elementen und aus dem Mysterienglauben. Er mokiert sich über die Anmaßung der Juden und Christen, ihren Auswahldünkel, und hinterfragt, weshalb Gott eigentlich herabgekommen sei:

> *„Etwa damit er die Zustände bei den Menschen kennenlerne? Weiß er denn nicht alles? Er weiß es also, bessert's aber nicht...".* Und wenn Gott kam, warum so spät? Und weshalb sollte nur ein Teil gerettet, doch *„das ganze übrige Menschengeschlecht ausgebrannt werden?"* Auch an Jesu sittlicher Lehre bemerkt er nichts Neues. Er behauptet, *„sie sei dieselbe wie die der anderen Philosophen und keine ehrwürdige noch neue Wissenschaft".* Selbst das Gebot der Feindesliebe sei älter. Er zitiert aus dem Dialog zwischen Sokrates (5.Jahrhundert v. Chr.) und Kriton, dass man *„unter*

keinen Umständen Unrecht" tun darf, *„auch nicht, wenn uns ein Unrecht zugefügt ist", „dass es niemals Recht sei, Unrecht zu tun oder mit Unrecht zu erwidern, oder wenn man selbst Böses erleidet, sich dadurch zu wehren, dass man seinerseits Böses tut..."*
(Deschner 2013, 1, S. 208-209)

Von dem Christentum, in dem ich indoktriniert wurde (Alternativen standen nie zur Diskussion), habe ich mich aus folgenden Gründen befreit:

Die Bibel ist eine Bibliothek zahlreicher menschlicher Autorenbeiträge, die über ca. 1000 Jahre gesammelt und zunächst nur mündlich überliefert wurden. Die mündlichen Überlieferungen wurden dann von Menschen aufgeschrieben, mehrfach abgeschrieben, mehrfach und z.T. unterschiedlich (auch fehlerhaft) übersetzt. So wurde z.B. aus der" jungen Frau" (altes Testament, Jesaja 7,14) die "Jungfrau Maria" (Septuaginta, griechische Bibelübersetzung) mit den entsprechenden Folgerungen (Kubitza 2011, Seite 297-298; Hitchens, 2007, Seite 144).

Auch Veränderungen im Text fanden statt (Finkelstein, Silbermann 2002; Ehrmann 2008). Die Textveränderungen oder gar -fälschungen reichen bis in die Neuzeit: Die vom Rat der Evangelischen Kirche in Deutschland im Einvernehmen mit dem Verband der Evangelischen Bibelgesellschaften in Deutschland 1956 und 1964 genehmigte, 1971 gedruckte Bibel >>Nach der deutschen Übersetzung Martin Luthers<< gibt das 2. Buch Samuel, Kapitel 12, Vers 31, so wieder:

> *„Aber das Volk darin führte er heraus und stellte sie als Fronarbeiter an die Sägen, die eisernen Pickel und an die eisernen Äxte und ließ sie an den Ziegelöfen arbeiten."*

Luther hatte allerdings übersetzt:

> *„Aber das Volck drinnen füret er eraus / und legt sie unter eisern segen und zacken / und eisern keile/und verbrand sie in Zigelöfen"*
> (Deschner 2013,1,S.87).

Die Texte bestehen neben historischen Tatsachenberichten aus Sagen, Mythen und Legenden. Daneben kommen Lieder, Gebete, Gedichte, Fabeln, Gleichnisse, Sprichwörter, Wundergeschichten, Traumerzählungen und sogar Märchen vor (Kubitza 2011).

Die Abfassung der Schriften diente in den jeweiligen historischen Situationen dazu, nach dem jeweiligen Stand des Wissens das zweifellos vorhandene Glaubensbedürfnis des Menschen zu befriedigen und die der jeweiligen Zeit entsprechenden Verhaltensnormen (Ethik, Moral, Sitten und Gebräuche) zu vermitteln, notfalls eben mit der vermeintlich göttlichen Rechtfertigung oder gar Androhung einer göttlichen Bestrafung, beides aber auch zum Zwecke der Erziehung der Kinder durch die Eltern, der Machterhaltung der Priester und derjenigen, die den Katholizismus zur Staatsreligion im Römischen Kaiserreich erklärt hatten (Potzel 2015). Damit wurden die Päpste zu höchsten Autoritäten im römischen Staat und seinen Einflussgebieten. Allein in Mittel- und Südamerika hat diese religiöse Ideologie, verbunden mit rein machtpolitischen Interessen, im 16. Jahrhundert Millionen von Toten gefordert.

„Es ist eben gerade das Problem, dass man mit der Bibel alles und jedes rechtfertigen kann, Friedenslied und Folterpein, Völkermord und Gotteslob, und auch alles zusammen"
(Kubitza 2011, Seite 62).

Die in der Bibel zusammengefassten Schriften wurden aus einer Vielzahl von Schriften, darunter auch weitere sog. Evangelien [z.B. Thomas-Evangelium, Evangelium der Maria Magdalena (Pagels, 2004), Judasevangelium (Potzel 2015)], von Menschen als sog. „Kanonische Schriften" ausgewählt, d.h. Menschen haben auch entschieden, was als „Gottes Wort" gilt und was nicht. Das alles als „Gotteswerk" hinzustellen, ist m.E. reichlich anmaßend und hypertroph.

Der **historische** Jesus von Nazareth [historisch nur einmal bei Josephus Flavius als Bruder des Jakobus bei dessen Steinigung erwähnt; Antiquitates XX 9,1 ca. 93-94 n. Chr. (Kubitza 2011, Seite 66)] war vermutlich eine besondere

Persönlichkeit, aber wohl so sehr oder so wenig „Gottes Sohn" wie jeder andere jüdische Wanderprediger (Kubitza 2011; Laudert-Ruhm 2002).

> *„Es ist jedoch unbestritten, dass die Bibel seit mehreren tausend Jahren das*
> *am häufigsten gedruckte, verkaufte und vielleicht sogar meistgelesene Buch*
> *aller Zeiten"* ist.

> *„Ihr Erfolg...hat nicht zuletzt damit zu tun, dass sie versucht, Antworten*
> *auf urmenschliche Fragen zu geben....Sie „liefert Orientierungshilfe in allen*
> *Lebenslagen – damals wie heute"*
> (Schlieper, Andreas, 2008, S. 14).

Unabhängig von der unbestrittenen Ratgeberfunktion folgt für mich aus der oben geschilderten historischen Entwicklung der Bibel:

Wir Menschen haben uns im Rahmen des Schöpfungsaktes des Universums (siehe Kapitel 5, kosmische Evolution) auf der Erde entwickelt (terrestrische Evolution) und sind darauf angewiesen, uns mit den uns gegebenen Mitteln in dem vorgefundenen Lebens- und Zeitraum zurecht zu finden. Wir sind verantwortlich für die Sicherung und Gestaltung der physischen Existenz für die Dauer des individuellen Lebens und die Vorsorge für die Nachkommen, für die Entwicklung des geistig-kulturellen Lebens einschließlich der Befriedigung des individuellen und kollektiven Glaubensbedürfnisses auf der Basis der materiellen Existenz (Siehe Kapitel 7-9).

Das Ergebnis dieser evolutionären Prozesse ist die unmittelbar von den Menschen selbst zu verantwortende menschliche Gesellschaft von Anfang an, z. Z. nur auf dem Planeten Erde. Kein Mensch war und ist in der Lage und deshalb auch nicht berechtigt, individuelles oder kollektives Handeln unter Berufung auf Gott gegenüber Anderen zu rechtfertigen. Kein Mensch darf unter Berufung auf Gott gegenüber Anderen Zwang ausüben.

Alle Religionen einschließlich der 3 Offenbarungsreligionen (Judaismus, Christentum, Islam), alle Weltanschauungen (z.B. Buddhismus) und andere Ideologien sind Menschenwerk. Sie sind **erdacht** (siehe Kapitel 3) zur Befriedigung des urmenschlichen Erklärungs- und Glaubens-(Spiritualitäts-) Bedürfnisses (siehe Tabelle „Hierarchisch gegliederte Ebenen zur Strukturierung der kritisch-rationalen Diskussion", Kapitel 4).

4. Hierarchisch gegliederte Ebenen zur Strukturierung der kritisch-rationalen Diskussion

Um die Diskussion zu erleichtern und Missverständnisse zu vermeiden, habe ich die Tabelle 1, genannt „Hierarchisch gegliederte Ebenen zur Strukturierung der kritisch-rationalen Diskussion", die bereits mehrfach im Text erwähnt wurde, angefertigt. Wie schon der Titel aussagt, handelt es sich bei den Ebenen 1-4 um Themengebiete, die der kritisch-rationalen Diskussion zugänglich sind. Anders verhält es sich bei der Ebene 0. Diese Ebene enthält nichts, was wir mit den Sinnen und dem Verstand erfassen können. Sie ist ausschließlich das Produkt zielgerichteten (intentionalen) Denkens (siehe Kapitel 3, Abb. 1) der Menschen und damit dem mehr oder weniger spirituellen Glauben vorbehalten. Das „mehr" bezieht sich auf alle Religionen mit Gottes- oder Götterglauben (z.B. Judentum, Christentum, Hinduismus), und Weltanschauungen mit Transzendenzvorstellungen (Buddhistische Anschauungen). Das „weniger" gilt für die Nihilisten, da der Glaube an das Nichts wohl kaum als spirituell bezeichnet werden kann. Allen Glaubensarten ist jedoch eigen, dass substantielle Diskussionen nur innerhalb der Ideologie der jeweiligen Glaubensrichtungen und -bekenntnisse geführt werden können, die für eine grundsätzliche kritisch-rationale Diskussion nicht zugänglich sind. Von Gott, Göttern und dem absoluten Nichts haben wir keine substantiellen realistischen Vorstellungen.

Anders verhält es sich allerdings, wenn diese Religionen und Weltanschauungen den Anspruch erheben, in das reale Geschehen auf unserer Welt einzugreifen. Hier setzen sie sich sehr Wohl der kritisch-rationalen Diskussion aus und können sich nicht auf das Argument „das sei Glaubenssache" zurückziehen, denn das Geschehen auf dieser Welt wird durch die Naturgesetze und die Menschen bestimmt und geregelt. Dementsprechend ist zur Einschränkung der Freiheit der Religionsausübung in der Konvention zum Schutze der Menschenrechte und Grundfreiheiten in der Fassung des Protokolls Nr. 11 ausgeführt:

„Die Freiheit, seine Religion oder Weltanschauung zu bekennen, darf nur Einschränkungen unterworfen werden, die gesetzlich vorgesehen und in einer demokratischen Gesellschaft notwendig sind für die öffentliche Sicherheit, zum Schutz der öffentlichen Ordnung, Gesundheit oder Moral oder zum Schutz der Rechte und Freiheiten anderer".
(Europäische Menschenrechtserklärung)

Einstein bezeichnet den Glauben an Gott als Produkt menschlicher Schwäche (siehe Kapitel 2). Das mag zwar für manche Menschen zutreffen; ich halte das aber für zu eng gefasst. Daneben gibt es sicher weitere Beweggründe, an Gott zu glauben. An erster Stelle möchte ich den Wunsch nach einer letzten Erklärung der Herkunft des Alls (Universums) und des Kosmos nennen, da die Wissenschaft hier sicher an ihre Grenzen stößt und vermutlich niemals eine überzeugende wissenschaftliche Erklärung liefern kann. Hawking (2018, S.: 182) spekuliert, dass wir uns bei den Erklärungsversuchen wohl zum größten Teil auf die mathematische Schönheit und Schlüssigkeit stützen müssen, um die „Theorie von Allem", die „ultimative Weltformel" zu finden. Dabei werden von den theoretischen Physikern Formeln erwogen, in denen die Raumzeit statt 4 sogar 11 Raum-Dimensionen haben soll. Das ist dann jedoch reine Mathematik und übersteigt unser bildliches Vorstellungsvermögen.

Darüber hinaus spielt sicher bei vielen Menschen für den Gottesglauben das Streben nach Vollkommenheit eine Rolle. Angesichts der menschlichen Unzulänglichkeiten und Unvollkommenheit wird das Ideal der Vollkommenheit nur in Gott gesehen. Bei vielen Menschen besteht das Bedürfnis nach einem den Menschen übergeordneten Etwas, z.T. vermutlich gepaart mit der Flucht vor der eigenen Verantwortung für das eigene Dasein. Dies, obwohl wir Menschen für unser Dasein ganz allein verantwortlich sind.

Die in Tab.1 dargestellten Diskussionsebenen, und hier insbesondere die Ebenen 0.1, 0.2 und 4 könnten auch als Grundlage für ein gesellschaftspolitisches Modell dienen, das ein friedliches Nebeneinander aller Glaubensrichtungen und –bekenntnisse (von Vielgötterei bis Nihilismus) ermöglichen würde, sofern von allen Bekennern anerkannt, akzeptiert und praktiziert wird, dass

niemand aufgrund seines Glaubens und unter Berufung auf Gott seinen Mit-
bürgern Vorschriften für ihr Verhalten in der Gesellschaft machen darf. Von
dieser Einsicht sind jedoch die meisten Glaubensrichtungen z.Zt. noch sehr
weit entfernt, so dass ein solches Modell nur als Utopie bezeichnet werden
kann.

Tab. 1 Hierarchisch gegliederte Ebenen zur Strukturierung der kritisch-rationalen Diskussion

Ebenen-Nr.	Inhalt	Anmerkungen
0 0.1	All / Gott = All / Götter = All / Nirwana = All / Nichts² für Monotheisten für Polytheisten für Buddhisten für Nihilisten	die Ebenen 0.1 und 0.2 sind nur dem Glauben vorbehalten; sie sind für kritisch-rationale Diskussionen außerhalb eines bestimmten ideologischen Konzepts (z.B. Religion) unzugänglich¹⁾
0.2	als Quelle des Prinzips Hoffnung⁴⁾ (ohne Hoffnung?) (siehe Anmerkung¹)	
	URKNALL vor 13,7 x 10⁹ Jahren	*von diesem Zeitpunkt an gelten die Naturgesetze, die der kritisch-rationalen Diskussion zugänglich sind*
1	Universum	*das mit physikalischen und chemischen Methoden erfassbare Weltall (Kosmos, kosmische Evolution, siehe Kapitel 5) einschließlich der Erde.* *Erst ab dieser Ebene ist eine kritisch-rationale wissenschaftliche Diskussion möglich*
2	Erde	*terrestrische Evolution (siehe Kapitel 5), eingeordnet in die Entwicklung des Universums (kosmische Evolution)*
3	Mensch	*eingeordnet in die evolutionäre Entwicklung (biologische Evolution; siehe Kapitel 5) auf der Erde (terrestrische Evolution)*
4	**Lebensbereiche des Menschen**	*physikalisch-biologischer Lebensbereich: Erhaltung des physikalisch-biologischen Seins (siehe Kapitel 8.1.)* *Geistig-kultureller Lebensbereich: Die mit den menschlichen Sinnen wahrgenommene und mit Hilfe des Zentralnervensystem verarbeitete Lebenswelt und die daraus entwickelte Gestaltung und Regelung der menschlichen Gesellschaft mit entsprechenden Rückwirkungen auf den physikalisch-biologischen Lebensbereich (siehe Kapitel 8.2.)* *Psychologische Befindlichkeit, individuelle und gesellschaftliche Befindlichkeit: interaktives Bindeglied zwischen physisch-biologischer und geistig kultureller Lebenswelt. Auf der individuellen Ebene verdichtet im Begriff der Seele (siehe Kapitel 6 und 8.3.)*

1) das trifft auch für das „Nichts" zu, da das „Nichts" naturwissenschaftlich-erkenntnistheoretisch nicht beweisbar, mithin ein Bekenntnis zum „Nichts" auch ein Glaubensbekenntnis ist. Auch Karl Jaspers hält Fragen nach dem Anfang und Ende der Welt als unbeantwortbar, als „Abgrund des schlechthin Unbegreiflichen". Er äußert Verständnis dafür, dass sich aus dieser Einsicht Hoffnungslosigkeit und Angst entwickeln und zu nihilistischer Verzweiflung („dem Blick in das starre Dunkel des Nichts") führen können. Allerdings ringt er sich doch zu der Formulierung durch: „Dass Gott ist, ist genug". (Weischedel, W., 2017, S. 326-329). Damit kommt er zu demselben Schluss, wie die Naturwissenschaftler und ich selbst (siehe Kapitel 2 und 3). Da bei dieser Glaubenshaltung der Aspekt eines Eingriffs Gottes in das individuelle Leben entfällt, kann das „Prinzip Hoffnung" nur als persönliche innere Haltung und/oder aus der eigenen Sinngebung für das Leben generiert werden. Da sich Humanisten in ihrer Zielrichtung auf die Interpretation und Gestaltung der menschlichen Gesellschaft konzentrieren, stehen ihnen prinzipiell alle Kategorien für Ebene „0" offen. Sie dürfen aber in ihrer Glaubensakzeptanz die Ebene „0" auch nicht verlassen, d.h. mit Inhalten der Ebene „0" auf den anderen Ebenen argumentieren. Das gilt natürlich auch für alle anderen Glaubensrichtungen.

Insgesamt ist die Ebene „0" ein Produkt des menschlichen intentionalen Denkens (siehe Kapitel 3, Abb. 1). Allerdings gibt es zwischen den Ebenen „0.1" und „0.2" einen substantiellen inhaltlichen Unterschied: Auf der Ebene „0.1" gibt es nur die „letzte Antwort", d.h. den Glauben an Gott, Götter, Nirwana und das Nichts. Diese Ebene, obwohl der kritisch-rationalen Diskussion unzugänglich, steht allen um eine letzte Antwort bemühten Denkern offen, die ansonsten in der wissenschaftlichen Welt beheimatet sind und sich nur der kritisch-rationalen Diskussion verpflichtet fühlen. Der Glaube an diese „letzte Antwort" kann dann logischer Weise nicht mit den Ebenen 1 – 4 kollidieren, auf denen nur die Naturgesetze ihre Gültigkeit haben. Glaubt man als „Letzte Antwort" an einen Schöpfer, der alles Weitere initiiert hat, kann man die Naturgesetze auch als seinen Schöpfungsplan betrachten. Die Naturwissenschaften sind dann der Versuch, diesen Schöpfungsplan zu ergründen und zu entschlüsseln. Gedanklich umgeht man auf diese Weise die Ebene „0.2". Das bedeutet, dass man sich bei diesem Glaubensbekenntnis frei von allen Ideologien (z.B. Religionen) der kritisch-rationalen Diskussion auf den Ebenen 1 – 4 widmen kann. **Damit ist letztlich der Glaube an Gott mit der kritisch-rational betriebenen Naturwissenschaft widerspruchslos vereinbar.**

(siehe auch Kapitel 2, meine Suche nach einem Glaubensbekenntnis, das mit wissenschaftlicher Erkenntnis vereinbar sein und durch Wissenschaftsfortschritt nicht in Frage gestellt werden sollte.)

2) das Nichts könnte nach dem gegenwärtigen Stand des Wissens die homogene Verteilung der Quanten im unendlichen All (Gleichgewichtszustand im frühen Universum; Smolin, Lee, 2019, Seite 234) sein – siehe Kapitel 5

3) In diese Kategorie von Weltanschauungen sind z.B auch der Jainismus in Indien, der Taoismus und Konfuzionismus in China sowie der Stoizismus, Kynismus und Epikuräismus des Mittelmeerraumes einzuordnen, die sich alle nicht für Götter interessierten (Harari Y.N. 2018, Seite 272)

4) Das „Prinzip Hoffnung" steht als Synonym für Sinngebung, die eine Entscheidung des Individuums ist. „Ein sinnvolles Leben kann ausgesprochen befriedigend sein, auch wenn es noch so hart ist..." (Harari Y.N. 2018, Seite 476). Es setzt allerdings den Willen zum Sinn (zur Sinngebung) voraus. Darüber hinaus steht das Prinzip für den Glauben, dass Gott direkt in das individuelle Leben des Gläubigen eingreifen und ihm helfen kann.

5. Die wesentlichen evolutionären Prozesse

Die Evolutionstheorie bezieht sich im allgemeinen Sprachverständnis auf die Entwicklung der organischen Welt (Biologische Einheiten), d.h. der Pflanzen, Pilze und Lebewesen von wenigen einfachen zu mannigfaltig komplizierten. Eigentlich handelt es sich um ein Theoriegebäude, in dem viele Erkenntnisstränge, von Paläontologie bis Molekularbiologie, zusammenfließen und sich wechselseitig zu einer Gesamtsicht ergänzen (Wikipedia 17.12.2018). Da wir jedoch heute die Urknalltheorie weitgehend akzeptieren und diese als eine Entwicklung vom Urknall als Beginn bis zu unserem Dasein ansehen, halte ich es für legitim, den Begriff der Evolution weiter zu fassen und auf den gesamten Zeitraum von ca. $13,7 \times 10^9$ Jahren auszudehnen. Davon ausgehend kann eine ganze Reihe von Evolutionsphasen, nachfolgend nur „Evolutionen" genannt, definiert werden.

Diese Evolutionen gehen teleskopartig in der angeführten Reihenfolge (siehe unten) auseinander hervor. Das führt zwangsläufig zu formalen und inhaltlichen Überlappungen, eben so, wie in einem Teleskop die einzelnen Rohrabschnitte beim Auseinanderziehen auseinander hervorgehen aber doch partiell ineinander übergreifen. Generell ist den Evolutionsprozessen eigen, dass sie zwar einen Startpunkt haben, aber ein Ende in keinem Fall abzusehen ist. Theoretisch könnte ein solches Ende nur in einem totalen Kollaps des Alls bestehen, d.h. in einem Rückfall der Evolution in den Zustand zum Zeitpunkt unmittelbar vor dem Urknall [(gleichmäßige Verteilung der Quanten im All (Raum) ?)] bestehen.

Kosmische Evolution

Nach dem gegenwärtigen Stand des Wissens begann die kosmische Evolution mit dem Urknall vor etwa $13,7 \times 10^9$, d.h. vor etwa 13,7 Milliarden Jahren. Über das, was davor war, kann nur spekuliert werden. Hawking hält die Frage nach dem „davor" für sinnlos, weil es keinen Zeitbegriff gibt, auf den man sich beziehen könnte. Das Konzept der Zeit existiert nur innerhalb unseres Kosmos (Hawking, S, 2018, S. 90), d.h. seit es messbare Bewegung gibt. Er kommt damit im Jahr 2018 zu derselben Ansicht, die bereits von Augustinus (354-430 n. Chr.) und Thomas von Aquin (1225-1274 n. Chr.) geäußert wurde. Hawking spekuliert,

> *„dass Gott den Anfangszustand des Universums aus Gründen gewählt hat,*
> *die zu begreifen wir nicht hoffen können"*
> (Hawking, S., 2011, S: 160).

Möglicher Weise gab es eine gleichmäßige Verteilung der Quanten im unendlichen Raum. Fluktuationen im Mikrowellenhintergrund könnten darauf hinweisen, dass winzige Unregelmäßigkeiten in dem sonst regelmäßigen und gleichförmigen frühen Universum später zur Entwicklung von Materie, Galaxien, Sternen (Sonnen, vermutlich mehr als 200 Milliarden, Gü.) und anderen Strukturen geführt haben. Hawking (Hawking, S. 2011, S. 8) hält diese Fluktuationen für den Fingerabdruck der Schöpfung und die Entscheidung Gottes für eine sehr regelmäßige Entwicklung des Universums nach bestimmten Gesetzen (Hawking, S., 2011, S. 23). Gemeint sind die Naturgesetze. Er ist ferner der Meinung, dass Gott wohl die Absicht hatte, Menschen wie uns zu erschaffen (Hawking, S. 2011, S. 165). Allerdings sagt er auch:

> *„Diese Gesetze mögen ursprünglich von Gott gefügt worden sein, doch anscheinend hat er ihnen seither die Entwicklung des Universums überlassen und sich selbst aller Eingriffe enthalten"*
> (Hawking, S., 2011, S. 159)

was bedeutet, dass für die menschliche Gesellschaft allein die Menschen selbst verantwortlich sind! Nach dem Urknall begann also neben der Zeit die physikalische und chemische Evolution mit der Entstehung von Masse aus Energie.

Die zeitlich rückblickende wissenschaftliche Analyse der Evolution des Kosmos endet z.Zt. also bei der Annahme einer gleichmäßigen Verteilung der Quanten (kleinste Energiepakete oder Energieteilchen) im unendlichen Raum („Quantenchaos") als Ausgangspunkt. Der Beginn der kosmischen Evolution setzt mit einer Störung der gleichmäßigen Quantenverteilung ein, Die daraus resultierenden Quantenassoziationen in unterschiedlichen Formen gemäß der Einsteinschen Formel

$$E = mc^2 \blacktriangleright m = E/c^2$$

führen schließlich zur Vielfältigen Materie (Atomkerne mit Elektronenbahnen, Elemente, chemischen Verbindungen, Galaxien, Sternen und Planeten, darunter auch unsere Erde.

Zwei Fragen werden vermutlich niemals zu beantworten sein:
• Woher kommen die Quanten?
• Was führte zur Störung der gleichmäßigen Quantenverteilung, wenn es sie gegeben hat, im unendlichen Raum?

Aus dieser Konstellation ergibt sich zwangsläufig der Raum für den Schöpfungsgedanken als reine Glaubensfrage, wie sie sich auch Hawking offensichtlich gestellt hat (siehe oben).

Terrestrische Evolution

Die terrestrische Evolution, die Evolution der Erde, ist Teil der kosmischen Evolution und begann mit der Entstehung unseres Sonnensystems und der Erde vor etwa $4{,}5 \times 10^9$ d.h. vor etwa 4,5 Milliarden Jahren. Sie kann unterteilt werden in die avitale und vitale Evolution.

Die **avitale Evolution** auf der Erde umfasst alle Prozesse, die ohne den Einfluss und ohne Beziehung zu Lebewesen aller Art (Pilze, Viren, Bakterien, Pflanzen, Tiere) ablaufen. Beispielhaft zu nennen sind Kontinentalverschiebungen, Vulkanismus, Festlanderosionen, avitale chemisch-physikalische Prozesse und radioaktiver Zerfall der Elemente.

Die **vitale (biologische) Evolution** beginnt mit dem bisher ungelösten Problem des Beginns der autonomen DNS-(Desoxy-ribo-nukleinsäure) -Replikation (Vermehrung, Entstehung des Lebens) vor etwa 3,5 x 10⁹ d.h. vor etwa 3,5 Milliarden Jahren, vermutlich in der Tiefsee. Anderen Theorien zufolge könnten aber auch Kometeneinschläge Leben auf die Erde gebracht haben (Anonymus, https://planetwissen.de/natur/forschung/ entstehung_des_lebens/ index.html, 17.12.2018).

Erst mit der Entstehung des Lebens, mit der Bildung der möglicher Weise recht einfachen, primitiven DNA gibt es die gezielte Übertragung von Informationen in der Biologie in Form dieser Replikation (DNA-Vermehrung). Voraussetzung dafür ist allerdings zunächst die Bildung von DNA/RNA. Die in der Erdgeschichte frühe Synthese von DNA/RNA ist jedoch bisher trotz intensiver Forschung ungeklärt, rätselhaft und Gegenstand zahlreicher Spekulationen (Krishnamurthy, R. 2018). Die biologische Kommunikation ist wissenschaftlich erkennbar an der viralen, intra- und extrabakteriellen, intranukleären, intra- und interzellulären, humoralen (hormonellen), nervalen Kommunikation und eben der oben erwähnten Replikation, d.h. der Weitergabe der Erbinformationen. Dies gilt sowohl für die botanische wie die zoologische (animalische) Evolution, An der Spitze letzterer, der animalischen Evolution, steht z.Zt. der Mensch.

Im Bereich der biologischen Evolution gilt naturgesetzlich das Prinzip des „survival of the fittest", mithin das „Recht des Stärkeren", zum überleben. Alles, was nicht überlebensfähig ist, wird eliminiert. Das gilt übrigens bereits auf der Ebene der DNA-Replikation. Nur „fortpflanzungsfähige", d.h. replikationsfähige DNA-Veränderungen (Mutationen) sind überlebensfähig und damit die „Stärkeren" im Vergleich zu nicht-replikationsfähigen Mutationen, die zwangsläufig absterben. Außer dem „Recht des Stärkeren" und des „survival of the fittest" gibt es keine naturgegebenen Rechte sondern nur den genetisch verankerten Willen zur Selbsterhaltung. Das bedeutet zwangsläufig, dass es unterhalb der menschlichen Evolution keine anderen Rechte als das „Recht des Stärkeren" geben kann. Dementsprechend können Tiere keine Rechte haben, die mit den Rechten vergleichbar wären, die auf der von Menschen geschaffenen gesetzgeberischen Grundlage basieren.

Wie alle Lebewesen nehmen auch die Menschen die Welt, wie sie ist, mit den ihnen gegebenen Sinnen war. Erst aus dieser Wahrnehmung entwickelt sich der geistig-kulturelle Lebensbereich (siehe Kapitel 8.2.). Er umfasst **Wissen** [mit dem Mittel der kritischen Diskussion (objektive Erkenntnis nach Popper, 1974) zum jeweiligen Zeitpunkt für „wahr" gehaltene Erkenntnis], **Religion, Ethik, Philosophie, Gesetze** und **Recht (Jurisprudenz), Kunst und Politik.** Diese Produkte des geistig-kulturellen Lebens entwickeln sich in der Welt regional und selten weltweit einheitlich und gleichartig.

Andere Rechte als das „Recht des Stärkeren" bedürfen einer gesetzlichen Grundlage außerhalb der Naturgesetze. Derartige Gesetze aber werden von gesetzgebenden Körperschaften erarbeitet und erlassen. Solche gesetzgebenden Körperschaften gibt es aber nur im Bereich der menschlichen, und hier der geistig-kulturellen Evolution (siehe unten).

Menschliche Evolution

Die menschliche Evolution ist Teil der biologischen Evolution auf unserer Erde und begann vermutlich in der zweiten Hälfte der geologischen Formation Tertiär vor etwa 3×10^7 d.h. vor etwa 20-30 Millionen Jahren. Der Mensch ist damit wohl die jüngste oder zumindest eine der jüngsten Spezies in der Evolution der Ordnung (Ordo) Säugetiere des Tierreichs.

> *„Im Grunde sind wir Menschen selbst nur Ansammlungen fundamentaler Teilchen der Natur. Um so größer ist der Triumph, dass wir fähig waren, die Gesetze (Naturgesetze, Gü.) zu verstehen, die uns und das Universum bestimmen."*
> (Hawking, S., 2018, S.46).

Unsere Fähigkeit, unser Leben einer Sache zu widmen, die wir für wichtiger halten als unser persönliches Wohl oder als unseren eigenen biologischen Imperativ, Nachkommen zu haben, ist eines der Merkmale, die uns vom Rest des Tierreichs, zu dem wir ja nach der gegenwärtigen biologischen

Einteilung gehören, unterscheiden, (Dennett, D.C. 2008, S. 18). Das ist etwas, was für die Naturwissenschaften erkennbar und erklärbar ist. Ansätze für diese Eigenschaften sind allerdings schon im übrigen Tierreich erkennbar (Dennett D.C: 21008, S. 19), so z.B. die Treue von Hunden, den Besitzer zu beschützen, auch wenn dies lebensbedrohlich für das Tier ist, oder die Treue zum Besitzer über dessen Tod hinaus durch Verweigerung der Nahrungsaufnahme, u.U. bis zum eigenen Tod des Tieres (Ausdruck von Trauer).

Evolution des geistig-kulturellen Lebensbereichs

Die Evolution des geistig-kulturellen Lebensbereichs ist Teil der Menschlichen Evolution und deshalb auch auf diese beschränkt, wenngleich bestimmte Ansätze für diese Evolution im Tierreich unterhalb der Spezies Mensch bereits erkennbar sind, z.B. in der Brutpflege bei Insekten, Fischen, Vögeln und Säugetieren, vor allem bei letzteren in der Familien-, Gruppen-, Rudel-, Herdenbildung mit der Ausbildung hierarchischer Strukturen. Zwar wird als Triebkraft für die Entstehung dieser Strukturen und Verhaltensweisen in der Regel die Existenzsicherung der jeweiligen Spezies durch Auswahl der kräftigsten und gesündesten Organismen für die Fortpflanzung gesehen (z.B. männliche Herden-Leittiere mit entsprechenden Fortpflanzungsvorteilen), aber es gibt doch eine Reihe von Hinweisen gewisser „geistig-kultureller" Leistungen wie z.B. in der Auswahl besonders erfahrener Individuen beiderlei Geschlechts als Leittiere in Herden.

Ein Zeichen bedeutender geistiger Leistungen bei Vögeln und Säugetieren, vor allem Affen, ist der Gebrauch von Werkzeugen.

Bei nahezu allen Tierspezies kommt es zur Entwicklung von Kommunikationssystemen, die auch als Voraussetzung und Beginn der geistig-kulturellen Evolution anzusehen sind.

Der geistig-kulturelle Zustand in der jeweiligen menschlichen Gemeinschaft (Paar, Familie, Freundeskreis, regionale Bevölkerung, Staat, Erdteil, Menschheit) ist das Ergebnis von Kommunikation.

Aber nur in der menschlichen, und hier der geistig-kulturellen Evolution, gibt es gesetzgebende Körperschaften. Sie erarbeiten und erlassen Gesetze, die die Grundlage für jedes Rechtssystem bilden. Deshalb gibt es außer dem naturgesetzlichen „Recht des Stärkeren", das sich automatisch aus dem „Survival of the fittest" ergibt, weitere, sogenannte einklagbare Rechte nur im Bereich der menschlichen, und hier der geistig-kulturellen Evolution. Dabei ist interessant, dass auch die menschliche Gesellschaft bei erheblichen Beschädigungen der geistig-kulturellen Errungenschaften (Stand der jeweiligen Zivilisation), z.B. in und nach Kriegen, bei und nach großen Naturkatastrophen, d.h. in großen Notsituationen, bei denen es m.o.w. um das nackte Überleben geht, erstaunlich schnell auf das naturgesetzliche „Recht des Stärkeren" und der Einzelne auf das „Survival of the fittest" zurück fallen (siehe auch Kapitel 9.2).

Evolution der Kommunikation

Ähnlich dem oben erwähnten Ineinandergreifen der einzelnen Evolutionen zieht sich wie ein roter Faden ein Prinzip durch alle diese Phasen – nämlich die" Kommunikation im weitesten Sinne". Auf dieses grundlegende Prinzip soll nachfolgend kurz näher eingegangen werden:

Kommunikation im weitesten Sinne ist Interaktion, die zu einer scheinbar vorübergehenden oder permanenten Zustandsänderung führt. Sie ist als „scheinbar" vorübergehend oder permanent klassifiziert, da es keine absolut stabilen Zustände gibt, sondern alles ständig im Fluss, in Bewegung ist, allerdings mit außerordentlich unterschiedlichen Geschwindigkeiten. Sie umfasst alle Vorgänge von Wirkungen und Wechselwirkungen, angefangen von physikalischen Kräften über, physikalisch-chemische, chemische Reaktionen bis hin zu den komplizierten Kommunikationsvorgängen in biologischen Systemen. Sie beginnt mithin auf der Ebene der kleinsten Teilchen, der Quanten, und setzt sich über alle uns bekannten Strukturen, wie Atome, Moleküle, Viren, Einzeller, Mehrzeller, Pflanzen und Tiere fort.

Nach dem gegenwärtigen Stand des Wissens sind **die drei grundlegenden physikalischen Kräfte**, die Wirkungen und Wechselwirkungen (d.h. Kommunikation) überhaupt erst ermöglichen, **die starke Kernkraft, die schwache Kernkraft und die elektromagnetische Kraft.** Diese Kräfte stellen mithin die Grundlage der Kommunikation dar. Die **vierte grundlegende Kraft, die Gravitation**, scheint in diesem Zusammenhang keine Rolle zu spielen, es sei denn, man bezieht den Verbleib der biologischen Objekte auf der Erde als Voraussetzung für deren Kommunikation in die Überlegungen ein. Allerdings erscheint es plausibel, die Gravitation als entscheidende Kraft für die Kommunikation der Materie im All, sowohl der sichtbaren als auch der dunklen Materie (Schwarze Löcher als höchster Verdichtungsgrad der Materie) zu betrachten.

In allen Fällen ist Kommunikation die Übertragung von Informationen. Das gilt sowohl für die Kommunikation der Materie im All, für die belebte Welt auf unserer Erde bis hin zu der im allgemeinen Sprachgebrauch unter „Kommunikation" verstandenen Kommunikation zwischen den Menschen, der physischen, sensorischen und audio-visuelle Kommunikation .

6.   Mensch und Gesellschaft – Voraussetzungen

Die Menschheit hat sich im Laufe der Evolution, soweit wir z.Zt. wissen, nur auf der Erde entwickelt. Ähnliche oder gleichartige Entwicklungen auf anderen Planeten in unserem Sonnensystem oder in anderen Sonnensystemen erscheinen möglich. Wir haben z.Zt. jedoch keine Anhaltspunkte dafür, dass solche Entwicklungen stattgefunden haben.

Alle Menschen sind nach dem gegenwärtigen Stand des Wissens Individuen, d.h. sie sind jeweils einmalig; es gibt keine identischen Menschen. Auch eineiige Zwillinge oder durch Klonierung entstandene oder entstehende Menschen wären nicht identisch, sondern unterscheiden sich durch epigenetische Einflüsse. Daraus resultiert: **Alle Menschen sind von Natur aus prinzipiell ungleich.** Das gilt sowohl für die Gestalt (Morphologie) als auch für die Funktion (Physiologie) einschließlich der Funktion und Leistungsfähigkeit des zentralen Nervensystems (Neurophysiologie und -psychologie). Damit sind Menschen auch in Ihrem Denkvermögen und Handeln Individuen, d.h. ungleich. Daraus ergeben sich gravierende Konsequenzen für das Zusammenleben und die Gestaltung sozialer Systeme, die bedauerlicher Weise von vielen Soziologen und Gesellschaftstheoretikern bewusst oder unbewusst übersehen werden.

Auf Grund der Ungleichheit der Individuen in Gestalt, physiologischer Funktion des Körpers und des zentralen Nervensystems, die zwangsläufig zu Unterschieden in der Veranlagung und Wahrnehmung des eigenen Potentials führt, kann es auch keine Gleichheit in der Gesellschaft geben. Diese Unterschiede resultieren in unterschiedlichem Denken und Handeln des Einzelnen. Sie führen bei weitgehenden Ähnlichkeiten zwischen Individuen zur Bildung von Paaren, Interessengruppen, Leistungsgemeinschaften, Parteien, Bündnissen, Bevölkerungsgruppen, Staaten und Staatengemeinschaften.

Da Niemand, weder Individuen noch einzelne der o.g. Gruppierungen, im Besitz der absoluten Wahrheit ist, kann deshalb auch niemand alle o.g. Gruppen von seiner Ansicht überzeugen. Daraus resultiert die Notwendigkeit, politische Entscheidungen jeweils durch argumentative Mehrheitsbildungen herbeizuführen. Bei all diesen Bemühungen ist vordringlich darauf zu achten, **dass die Kreativität von Individuen und Gemeinschaften nicht aus ideologischen Gründen materiell und intellektuell eingeschränkt oder gar unterbunden wird.** Das reicht von der Erziehung des Kindes über die Auswahl bei der Schul-, Berufs-, Hochschulbildung bis zur Berufswahl und beruflichen Tätigkeit. Gesellschaftliche Systeme, die die Gleichheit von Menschen annehmen, voraussetzen, anstreben oder gar zum Dogma erheben, bauen auf unrealistische Ideen und Theorien und sind zwangsläufig früher oder später zum Scheitern verurteilt (siehe auch Bolz, 2009).

Sie führen zu inakzeptablen Einschränkungen der persönlichen Freiheit, mehrheitlicher Aversion gegen das bestehende Gesellschaftssystem und schließlich auch zu ökonomischer Ineffektivität. Die Geschichte belegt diesen Sachverhalt, sowohl für persönlichkeits- als auch partei-gebundene Diktaturen eindeutig. In der jüngeren Vergangenheit (letzte 100 Jahre) haben wir das am Beispiel des Scheiterns des Kaiserreichs, der nationalsozialistischen Hitler-Diktatur, der sozialistischen Parteidiktatur in Deutschland (DDR) und zahlreichen sozialistischen Partei-Diktaturen in der Welt eindringlich erlebt. Die Konsequenz aus diesem Erleben ist, dass weitgehende gesellschaftliche Akzeptanz und größtmögliche ökonomische Effizienz nur bei weitgehender individueller Freiheit des Individuums und möglichst freier Entfaltung seiner Kreativität erreicht werden können. Dabei muss natürlich berücksichtigt werden, dass diese Freiheiten des Individuums abhängig sind von der Nützlichkeit seiner Tätigkeit für die Gemeinschaft, deren Zusammenhalt nicht wesentlich beeinträchtigt werden darf.

Im anthropologischen Weltbild steht zweifellos der Mensch im Vordergrund des Interesses. Auf Struktur, Funktion und Verhaltensweisen des Individuums und der Menschen in der Gemeinschaft wird nachfolgend näher eingegangen. Zuvor deshalb noch eine grundsätzliche Erörterung zum Begriff der menschlichen Seele.

Die „Seele" ist die Summe aller Wahrnehmungen und Empfindungen und deren bewusste und unbewusste geistige (durch das zentrale Nervensystem) Reflexion, d.h. die Summe des Denkens, Vorstellens, Erinnerns, Mitfühlens und Wollens. Daraus resultiert

*„das Geistige oder Mental-Psychische als eine eigenständige Wesenheit, die
prinzipiell weit über dasjenige hinausgeht, was natur- bzw. neurowissen-
schaftlich beschreibbar und erklärbar ist."*
(Roth, G., Strüber, N.,2014, S. 43).

Diese eigenständige, naturwissenschaftlich nicht erklärbare Wesenheit
bildet jedoch die Grundlage für das Konzept der Willensfreiheit und des
moralisch-sittlichen Handelns und setzt sich damit über die physikalisch-
biologisch-psychologischen Gesetzmäßigkeiten hinweg (Roth, G., Strüber,
N.,2014, S. 43). Aber, sie setzt ein biologisches System voraus, das zu diesen
Leistungen fähig ist. Nach unserem gegenwärtigen Wissen ist es das zentrale und periphere vegetativ-autonome Nervensystem. Teil des zentralen
Nervensystems ist das Gehirn. Das Gehirn der Säugetiere, darunter auch der
Mensch, besteht aus fünf Funktionsbereichen:

- dem Bereich der Sicherung unserer biologischen Existenz durch vegetativ-
  autonome Funktionen
- dem Bereich der Sensorik
- dem Bereich der Motorik
- dem Bereich kognitiver Funktionen
- dem Bereich emotionaler und motivationaler Funktionen (limbisches
  System)

(Roth, Stüber, 2014, S. 92).

Auf diesen Funktionsbereichen basieren sechs psychoneurale Grundsysteme, die die Persönlichkeit und die psychische „Verfasstheit" eines Menschen bedingen:

- das Stressverarbeitungssystem
- das interne Beruhigungssystem
- das interne Bewertungs- und Belohnungssystem
- das Impulshemmungssystem

- das Bindungs- und Empathiesystem
- das System des Realitätssinns und der Risikobewertung.

Alle sechs Systeme werden in unterschiedlichem Maße geprägt durch angeborene Reaktionen und Temperamenteigenschaften, emotionale Konditionierung, Sozialisierung und kognitiv-rationales Verhalten.

Das Bindungs-(und Empathie-)system wird wesentlich von den frühkindlichen Erfahrungen mit der Mutter oder einer anderen primären Bezugsperson, später von sozialen Erfahrungen mit weiteren Familienmitgliedern sowie mit Kameraden in Kindergarten und Schule bestimmt (Roth, G., Strüber, N., 2014, S. 144-152). Dabei scheinen die ersten zwei Lebensjahre eine kritische Periode für die soziale und emotionale Entwicklung zu sein. Nähe und Zuwendung sind in dieser Periode nötig, um eine normale psychische Entwicklung zu gewährleisten (Roth, G., Strüber, N., 2014, S.156).

In dieser Zeit scheint die frühe emotionale Kommunikation des Säuglings mit seiner Umwelt die Grundlage für die gesamte weitere emotional-psychische Entwicklung zu bilden (Roth, G., Strüber, N., 2014, S.160).

Das Realitäts- und Risikowahrnehmungssystem entwickelt sich auf der Grundlage von Erfahrungen und der Ausreifung der kognitiv-sprachlichen Ebene. Hier spielen die Impulshemmung aufgrund leidvoller Erfahrungen und die Ausbildung der Fähigkeit, die Konsequenzen des Handelns längerfristig abzuschätzen, die wichtigste Rolle (Roth, G., Strüber, N., 2014, S. 144-152).

Zwischen dem Ausreifen von Hirnstrukturen und der Entwicklung psychischer und kognitiver Funktionen besteht eine enge Verzahnung. Eine wichtige Rolle spielt hierbei die teils genetisch, teils erfahrungsbedingte differenzielle Synapsen-Entstehung als Grundlage der Eigenschaften neuronaler Netzwerke (Roth, G., Strüber, N., 2014, S.181).

Die o.g. sechs psychoneuralen Grundsysteme bauen aufeinander auf und stehen zueinander in positiver wie negativer Wechselwirkung. Das Stressverarbeitungssystem und das Selbstberuhigungssystem spielen dabei die wichtigste Rolle, da sie sich zuerst entwickeln und die Ausbildung der anderen Systeme beeinflussen.

Besonders ist zu berücksichtigen, wie Genetik, Entwicklung und Umwelt zusammenwirken. Die genetisch-epigenetische Ausstattung eines Menschen und der Verlauf der Ontogenese (Entwicklung) von Nervensystem und Gehirn geben den Rahmen vor, in dem die vor- und nachgeburtliche Umwelt auf die sich entwickelnde Psyche und Persönlichkeit einwirken kann (Roth, G., Strüber, N., 2014, S.199).

Zwangsläufig ist die Seele an das zentrale Nervensystem strukturell und funktionell zu unseren Lebzeiten gebunden. Die Seele kann sich aber erst **nach** der Herausbildung der zu den o.g. Leistungen fähigen Zellen im Organismus entwickeln (Embryologie). Sie wird gebildet/geprägt durch die Befriedigung der primären und sekundären Grundbedürfnisse (siehe oben und Kapitel 7). Ihre **irdische** Existenz erlischt mit dem Ausfall der biologischen Funktionsfähigkeit des Nervensystems. Das widerspricht nicht der Möglichkeit ihrer Transzendenz in andere Lebewesen (Buddhismus) oder die Ebene 0 (Gott/Götter = Nirwana = Nichts; siehe „Hierarchisch gegliederte Ebenen zur Strukturierung der kritisch-rationalen Diskussion", Kapitel 4). **Für einen solchen Übergang gibt es jedoch keinerlei naturwissenschaftliche Anhaltspunkte. Er ist ausschließlich eine Angelegenheit des persönlichen spirituellen Glaubens des einzelnen Menschen und kann deshalb nicht rational diskutiert werden.**

7. Grundbedürfnisse des Menschen (mein anthropologisches Menschenbild)

In den nachfolgenden Ausführungen will ich mich mit dem grundsätzlichen Sein des Menschen, seinen Bedürfnissen, Empfindungen und Reaktionsweisen befassen.

7.1 Primäre Grundbedürfnisse

Unter den primären Grundbedürfnissen des Menschen verstehe ich die essentiellen, für das Individuum lebenserhaltenden Kategorien. Sie stellen den biologischen Anteil des Menschseins dar, den wir zum größten Teil mit anderen Spezies, übrigens nicht nur im Säugetierbereich, gemeinsam haben.

Eine Ausnahme bildet sicher die Kategorie „geistige Beschäftigung" mit der vermutlichen Folge des „spirituellen Glaubens" (siehe unten). Ihr Ausmaß scheint das ausschließliche Merkmal (Charakteristikum) des Menschseins darzustellen.

Die primären Bedürfnisse werden nachfolgend in der Reihenfolge ihrer abnehmenden Bedeutung für das Überleben angeführt und sind ein wesentlicher Teil des evolutionären animalischen, genetisch verankerten Funktions- und Verhaltens-Erbes. Die Anordnung in Blöcken soll die enge Verbundenheit und besondere gegenseitige Beeinflussung der einzelnen Bedürfnisse signalisieren. Das ändert natürlich nichts an dem tatsächlichen generellen Zusammenhang aller. Als primäre Grundbedürfnisse stufe ich ein:

a) Atmen – Trinken – Essen – Schlafen
   - überleben wollen (Selbsterhaltungstrieb) (er wird bei gesunden Menschen nur von dem festen Glauben, im Auftrag eines übergeordneten „Seins" wie z.B. Gott, Allah, Jesus, ein Führer („für Kaiser, Volk und Vaterland; Adolf Hitler, Stalin, Mao Tse Tung" etc.), zu handeln, überwunden.

b) emotionale Zuwendung
- in Gemeinschaft leben wollen
- führen und geführt werden wollen (Differenzierung der menschlichen Gesellschaft; animalisch Rangordnung ermitteln, beides durch „trial and error")

c) sexuelle Betätigung

d) körperliche Betätigung

e) Bedürfnis nach innerer Ruhe und psychischer Ausgeglichenheit (Wohlbefinden)

f) geistige Beschäftigung (erkennen, wissen, erklären wollen)

daraus vermutlich hervorgehend:

g) Glauben/Spiritualität als Ausgangspunkt für den Zusammenschluss Gleichgesinnter zu Glaubensgemeinschaften unterschiedlichster Art (Joas, Hans, 2016). Der „Glaube" kann das Glauben an das Nichts, Nirwana oder Gott bzw. Götter und Geister bedeuten (siehe Ebene 0 der "Hierarchisch gegliederten Ebenen zur Strukturierung der kritisch-rationalen Diskussion", Kapitel 4).

Sicher mag die o. g. Reihenfolge hinsichtlich der Bedeutung (Wichtigkeit/ Nützlichkeit für das Dasein) an der einen oder anderen Stelle diskussionswürdig sein. Das ändert jedoch nichts an der prinzipiellen Einstufung der einzelnen Kategorien als „primäre Grundbedürfnisse". Während die Bedürfnisse a) bis e) genetisch dem animalischen Erbe zuzurechnen sind, sind **die Bedürfnisse f) - hinsichtlich des Ausmaßes - , und g) - wohl qualitativ - die besonderen Eigenarten der Spezies Mensch und bilden die Grundlage für die sekundären Bedürfnisse** (siehe unten).
Die Befriedigung der primären Bedürfnisse a) bis d) folgt in der Regel einem

inneren Reiz wie z.B. verminderter Sauerstoffgehalt im Blut, Hunger, Durst und Drang zur sexuellen Betätigung. Eine Steigerung des inneren Reizes bis in den krankhaften Bereich führt schließlich zu pathologischem triebhaften Denken und Handeln.

7.2   Sekundäre Grundbedürfnisse

Die sekundären Grundbedürfnisse resultieren aus dem Bedürfnis nach geistiger Betätigung und dem Bedürfnis nach psychischer (seelischer) Ausgeglichenheit (generelle Zufriedenheit; im tiefsten Inneren in sich ruhen) (siehe oben).

Roth/Stüber klassifizieren als geistig, was nicht mit einer körperlichen Zustandsänderung verbunden ist. Daher entsteht der Eindruck des Geistigen als „Immaterialität". Das erscheint mir jedoch zu kurz gegriffen. Als „geistig" benennen die Autoren nämlich Bewusstsein, Traum, Vorstellung und Erinnerung (Roth, G., Strüber, N., 2014, S.238). Alle diese Kategorien können jedoch sehr wohl zu einer körperlichen Zustandsänderung führen, wie jeder Leser sicher schon aus eigener Erfahrung zu berichten weiß. Andererseits ist natürlich zutreffend, dass sich diese Vorgänge zunächst einmal im Gehirn abspielen und alle Folgen dort ihren Ausgangspunkt haben.

Der Zustand der psychischen Ausgeglichenheit kann nur durch Kontemplation (sich in sich versenken) erreicht werden. Zu diesem Status können verschiedene Denkschulen, Weltanschauungen oder Glaubenslehren (Religiosität als bildliche und prozedurale Ausformung des primären Glaubens- und Spiritualitätsbedürfnisses, z.B, Gebet, (siehe Kapitel 3), führen. Allerdings können diese Denkschulen, Weltanschauungen oder Glaubenslehren gepaart mit konstruktiver Irrationalität (man denkt, fühlt und glaubt, was man denken, fühlen und glauben möchte) und unter dem Einfluss geschickt agierender, machthungriger „Denkenslenker" (Ideologie- und Religionsstifter, Sektenführer, Geistliche, Lehrer) und Macht ausübende Personen in der Gesellschaft (Familienoberhäupter, Vorgesetzte, Chefs, Firmen-, Vereins-, sozialer Gemeinschafts- und Staatslenker) zu realitätsfernem oder -fremden

Denken und Handeln führen und persönlich wie politisch missbraucht wer-
den. Das reicht von Missbrauchsfällen in der Familie über solche in Sekten,
Kirchen, Schulen bis hin zu Führungskräften in Wirtschaft und Politik.
Letzteres ist in der Geschichte vielfach unter Beweis gestellt worden, man
denke nur an die Kreuzzüge, die Eroberung Südamerikas durch die Spanier,
Religionskriege und nicht zuletzt an den 1. und 2. Weltkrieg.

8.   Lebensbereiche des Menschen

Das, was nachfolgend unter „Lebensbereichen des Menschen" behandelt wird, resultiert aus der Befriedigung der primären und sekundären Grundbedürfnisse und baut auf diese Befriedigung auf. Dementsprechend können die Lebensbereiche gegliedert werden in

- den physikalisch-biologischen Lebensbereich
- den Geistig-kulturellen Lebensbereich

beide verbunden durch den interaktiven

- Bereich der psychologischen Befindlichkeit, d.h. Gefühle (siehe sekundäre Grundbedürfnisse)
  - des Individuums mit seiner Seele
  - der Gemeinschaft (z.B. Freunde, Paare, Gruppen, Gemeinden, Dörfer, Städte, Ethnien, Länder, Staaten, Staatenbünde etc.) mit der jeweils möglichen Gemeinschaftsgesinnung

8.1   Physikalisch-biologischer Lebensbereich (PBL)

Der physikalisch-biologische Lebensbereich umfasst alle Funktionen und Handlungsweisen des Menschen, die sich aus der Befriedigung der primären Grundbedürfnisse a) bis e) (siehe Kapitel 7.1.) ergeben. Er dient in erster Linie der Erhaltung des Individuums, der Spezies Mensch und dem körperlichen Wohlbefinden sowohl des Einzelnen wie der verschiedenen Gemeinschaften. Er reflektiert damit unser animalisches Erbe, das geprägt ist von dem Willen zu leben und sich fortzupflanzen. Beide Merkmale, der Lebenswille und der Drang zur Fortpflanzung (Replikation) stellen zugleich die Sinngebung für das animalische Dasein (Leben) dar. Wir haben keinerlei Hinweise darauf, dass im animalischen Leben, im Gegensatz zum menschlichen Leben (siehe

Kapitel 8.3), andere Aspekte der Sinngebung für diesen Lebensbereich eine Rolle spielen.

8.2   Geistig-kultureller Lebensbereich (GKL)

Der geistig-kulturelle Lebensbereich umfasst alle Funktionen und Handlungsweisen des Menschen, die sich aus der Befriedigung der primären Grundbedürfnisse f) und g), also des Bedürfnisses nach innerer Ruhe und psychischer Ausgeglichenheit (Wohlbefinden) und des Bedürfnisses nach geistiger Beschäftigung (erkennen, wissen, erklären wollen) (siehe Kapitel 7.1.) ergeben und ist in Anbetracht des Grades seiner Ausbildung das wesentliche Kriterium, das den Menschen vom Tierreich abhebt. Dazu gehört das unstillbare Bedürfnis zu wissen, warum wir hier sind und woher wir kommen (Hawking, S., 2011, S. 26):

„Die ersten theoretischen Versuche, das Universum zu beschreiben und zu erklären, beriefen sich auf Götter und Geister, die die Ereignisse und Naturerscheinungen lenkten und auf sehr menschliche, unberechenbare Weise handelten. Sie bewohnten die Natur – Flüsse und Berge – aber auch Himmelskörper wie Sonne und Mond. Sie mussten besänftigt und freundlich gestimmt werden..."

Diese Denkweisen wurden allmählich durch das Fortschreiten der naturwissenschaftlichen Erkenntnisse, durch das entdecken der Naturgesetze, verdrängt (Hawking, S. 2011, S. 233-234). Allerdings haben sich Geist und Bewusstsein vermutlich nicht nur beim Menschen ausgebildet, sondern außerdem bei zahlreichen Tieren, die wir in mehr oder weniger komplexen natürlichen und sozialen Umwelten erleben (Roth, G. 2001).

In dem geistig-kulturellen Lebensbereich wird mit einer ganzen Reihe von Begriffen argumentiert, die m.E. einer sorgfältigen Definition bedürfen, um in der Diskussion möglichst Missverständnisse zu reduzieren oder ganz zu

vermeiden. M.E. sinnvolle und in der Diskussionspraxis erprobte Begriffs-
definitionen und -interpretationen sind in der nachfolgenden Tabelle zu-
sammengestellt:

Tab.2: Inhalte des geistig-kulturellen Lebensbereichs (GKL)

Definition des GKL	Der GKL ist die Summe aus den mit den menschlichen Sinnen wahrge-nommenen und im ZNS Verarbeiteten Eindrücken von allen physi-schen, geistigen und künstlerischen Leistungen; da sich diese Leistun-gen auf der Welt nicht einheitlich und zeitgleich entwickeln, d.h. sich regional und zeitlich in ihrer Entwicklung unterscheiden, kommt es zwangsläufig zur Entwicklung unterschiedlicher, zeitlich begrenzter und regional gebundener Unterstrukturen, die als Kulturkreise defi-niert werden können.
Wissen	ist die mit dem Mittel der kritisch-rationalen Diskussion (objektive Erkenntnis nach Popper, 1974) gewonnene und zum jeweiligen Zeit-punkt für „wahr" gehaltene Erkenntnis, d.h. Wissen ist immer auch relativ. Es gibt keine absolute, ewig gültige Wahrheit (siehe Kapitel 0. Apodictum).
Vernunft	ist eine **Denkmethode**, um einen Vorgang zu charakterisieren oder einen Zustand zu beschreiben. Diese Denkmethode zielt darauf ab, auf dem jeweiligen, zu einem bestimmten Zeitpunkt bestehenden Stand des Wissens, zu einer logisch nachvollziehbaren **Einschätzung** eines Vorgangs (Prozesses) oder Zustandes (stationäre Situation) zu kom-men, die dann als „vernünftig" bezeichnet wird (d.h. im Augenblick nicht zu falsifizieren ist und für „wahr" und damit „richtig" gehalten wird). **Schon Aristoteles betrachtete Geist, Vernunft und Logos als den wesentlichen Unterschied des Menschen zum Tier** (Weischedel, W., 2017, S. 65).

Wahrheit	ist die Übereinstimmung eines Sachverhalts mit der Einschätzung eines Vorgangs (Prozesses) oder Zustandes (einer stationären Situation) **zu einem bestimmten Zeitpunkt**, d.h. Wahrheit ist immer relativ; sie ist immer auf den Stand des Wissens zu einem bestimmten Zeitpunkt bezogen. Es gibt keine zeitlos gültigen Wahrheiten – es sei denn, man glaubt an Gott, Götter oder das absolute Nichts (siehe „Hierarchisch gegliederte Ebenen zur Strukturierung der kritisch-rationalen Diskussion", Ebene 0, Kapitel 4) als absoluten Ausgangspunkt allen Seins. Dann sind eben diese Ausgangspunkte die einzigen absoluten Wahrheiten, die allerdings nur für die jeweils darauf aufbauende Ideologie oder Weltanschauung Bestand haben. Das gilt sowohl für das tägliche Leben als auch für die Geistes- und Naturwissenschaften. In den Geisteswissenschaften führen These und Antithese zu neuer Synthese, in den Naturwissenschaften Theorie und deren Falsifikation zu einer neuen Theorie. Synthese und neue Theorie stellen jeweils zum Zeitpunkt ihrer Akzeptanz die bestmögliche, aber eben relative Wahrheit dar. Das gilt darüber hinaus für alle Lebensbereiche einschließlich der Gesellschaftswissenschaften und Politik, wobei vielfach die These-/Antithese-Dikussion pluralistisch angelegt ist und die temporäre Akzeptanz ein besonderes Gewicht erhält. In allen Fällen dominiert das „Trial and Error-Prinzip".
Verstand	ist die im Zentralnervensystem angesammelte (gespeicherte) und zu der jeweiligen Frage abrufbare Information.
Idee	ist eine stimulierte (durch bestimmte Anregungen) oder spontan entstehende geistige Leistung des Zentralnervensystems.
Freiheit	Freiheit – so der schottische Philosoph David Hume – heißt „zu tun, was man will": Dabei werden die tiefer liegenden Beweggründe unseres Willens von uns nicht wahrgenommen. In aller Regel können wir uns bei unserer Handlungsplanung zwischen Alternativen entscheiden (Roth,G., Strüber, N.,2014, S. 243). Ein Langfristiges Freiheitsgefühl stellt sich ein, wenn unserem Handeln ein Abwägen vorherging und klar war, worauf wir uns einlassen (Roth,G., Strüber, N., 2014, S. 244). Die Freiheit des Individuums wird allerdings eingeschränkt durch das für das störungsfreie Leben in Gemeinschaft erforderliche Verhalten.

Gott	ist etwas, das über dem Vorstellungs- und Leistungsvermögen des evolutionären menschlichen Zentralnervensystems (ZNS) steht. *„Gott ist ein Etwas, welches wundervoll ist. Er ist ein geeigneter Empfänger von Gebeten und das ist so ziemlich alles, was wir über ihn sagen können."* (Dennett D.C. 2008, seite 285). Deshalb kann dieses Etwas nicht bewiesen werden. Man kann auf der Basis dessen, was wissenschaftlich als z. Zt. gesichert gilt, nur auf etwas, was über dem ZNS und dessen Leistungsvermögen steht, nur intentional schließen (siehe Kapitel 3). Das Ergebnis wird zwangsläufig immer fiktiv sein. Es ist dann eben: Gott, (Götter, Geister) oder das absolute Nichts. Beides (alles) ist nicht beweisbar. An das eine oder andere kann man nur glauben. Das entspricht der Ebene „0" in der Tabelle „Hierarchisch gegliederte Ebenen zur Strukturierung der kritisch-rationalen Diskussion" (siehe Kapitel 4). Glaubt man an Gott, so entspricht das der Idee der „natürlichen Theologie" des Thomas von Aquin (ca. 1225 – 1274), die zurück geht auf Aristoteles' Argument „des ersten unbewegten Bewegers"; Thomas von Aquin zieht (u.a.) die Schlüsse *„...von der Bewegung allen Seins auf den unbewegten Beweger am Anfang (ex parte motus)"* (siehe Aristoteles) und *„...aus der Wirkursache heraus (ex ratione causae efficientis), jedes Seiende ist Wirkung einer Ursache, also gibt es eine erste, unverursachte Ursache."* (Zitiert nach Scobel, 2010). Einstein (1879-1955): *„Im unbegreiflichen Weltall offenbart sich eine grenzenlos überlegene Vernunft." „Meine Religion* (besser wäre:„mein Glauben";Gü.) *besteht in einer demütigen Beziehung zu einer unbegrenzten geistigen Macht, die sich selbst in den kleinsten Dingen zeigt"* und meint damit wohl die Naturgesetze. Der Philosoph Feuerbach, Begründer der rein materialistischen Denkweise, trennt sich völlig von jedem göttlichen Prinzip und geht in seiner Philosophie nur noch von der Wirklichkeit im Diesseits, von der Wirklichkeit der Natur und des Menschen im Hier und Jetzt aus (Weischedel, W., 2017, S. 293). Damit verweigert er jegliches Nachdenken über die Herkunft allen Seins und startet mit seiner Philosophie auf der Ebene „1" (siehe „Hierarchisch gegliederte Ebenen zur Strukturierung der kritisch-rationalen Diskussion", Kapitel 4) Dementsprechend ist er der Meinung, dass alle Gott zugesprochenen Eigenschaften (Allwissenheit, Allgegenwart, Ewigkeit, Allmacht) dem idealen Selbstverständnis des Menschen entspringen und behauptet:*„Das Geheimnis der Theologie ist die Anthropologie."* Er meint, dass innermenschliche Vermögen und Kräfte den Gottesglauben hervorrufen und der „Glückseligkeitstrieb" des Menschen letztlich der wahre Grund für den Gottesglauben sei. *„Ein Gott ist der in der Fantasie befriedigte Glückseligkeitstrieb des Menschen".* (Weischedel, W., 2017, S. 295-296). Mit dieser Ansicht steht Feuerbach allerdings neben Karl Marx , der sich auf ihn beruft und stützt, und Karl Jaspers (Weischedel, W., 2017, S. 322) ziemlich allein.

Sinnhaftigkeit des Lebens.	**Über die Sinnhaftigkeit des Lebens überhaupt nachzudenken, scheint eine in der Natur einzigartige Eigenschaft des Menschen zu sein und wird deshalb dem Geistig-Kulturellen Lebensbereich zugeordnet.** Soweit bei der Sinngebung für das Leben der Lebens- und Fortpflanzungswille eine Rolle spielen, wäre die Zuordnung zum Physikalisch-biologischen Lebensbereich durchaus gerechtfertigt. In dem Prozess, dem Leben einen Sinn zu geben, spielen sehr unterschiedliche Faktoren eine Wesentliche Rolle: Religiös gebundene Menschen mit Gottesglauben neigen dazu oder sind zutiefst davon überzeugt, dass Gott ihnen einen Lebensauftrag und damit ihrem Leben einen Sinn gegeben hat. Areligiöse Menschen müssen ihrem Leben selbst einen Sinn geben, der wohl darin besteht, tätig zu sein (Fridrich II.; Goethe. Wikipedia „Lebenssinn")
Religion (Spiritualität)	ist die **von Menschen kreierte Lehre** zur Befriedigung des ihnen immanenten Bedürfnisses nach psychischer (seelischer) Ausgeglichenheit und Sehnsucht nach Transzendenz, zur Befriedigung des Nichtwissens und des Spiritualitätsbedürfnisses, d.h. Dinge zu erklären, die wir nicht erklären können. Dabei handelt es sich um **erdachte Ideologien mit Transzendenzvorstellungen.** David Hume (Die Naturgeschichte der Religion zitiert nach Dennet D.C., 2008, Seite139) ist allerdings der Ansicht, *"dass bei allen Völkern, die den Polytheismus angenommen hatten, die ersten religiösen Vorstellungen nicht von einer Betrachtung der Werke der Natur herrührten, sondern von der Sorge um das tägliche Leben und von den unaufhörlichen Hoffnungen und Ängsten, die den menschlichen Geist bewegen."*
Ethik, Moral, Sitten und Gebräuche	Die in einer bestimmten evolutionären Stufe (Tierreich, Ordnung, Art, Stamm, Familie, Paar) (Moralität) oder einem Kulturkreis (Mensch, Paar, Familie, Menschengruppen in Dorf, Stadt, Region, Land, Staat, Staatengemeinschaft) **zwischen den Individuen oder Gruppierungen vereinbarten Normen** für das von ihnen gewünschte Zusammenleben und deren ständige Rechtfertigung (Evolutionäre Ethik, siehe Kapitel 5). Daraus folgt: Ethische Normen sind von Tieren nach deren Empfinden praktisch erprobt, von Menschen erdacht und erprobt, regional gebunden, zeitlich begrenzt und wegen sich wandelnder Rechtfertigungsgründe variabel. Sie könnten beim Menschen, wiederum durch Vereinbarungen, auf mehrere Kulturkreise, auch auf die ganze Menschheit ausgedehnt werden. Das ist jedoch weitgehend eine theoretische Vorstellung, die z.Zt. keine Entsprechung in der Realität hat. Es ist aus mancherlei Gründen unwahrscheinlich, dass das jemals der Fall sein wird. Mit zunehmender Intensität des „Kampfes um das Überleben" geht Moralität, die ja nur eine Vereinbarung ist, mehr und mehr verloren (siehe Kapitel 9.2).

Recht	ist ein gerichtlich verfolgbarer, im Erfolgsfall einklagbarer Anspruch, der auf einer bestimmten gesetzlichen Regelung beruht, d.h. ohne ein entsprechendes Gesetz gibt es im juristischen Sinn kein Recht. In der Natur gibt es unterhalb der menschlichen Gesellschaft mit ihrer geistig-kulturellen Evolution (Zivilisation) nur das Naturgesetz des „Survival of the Fittest" mit dem darauf basierenden und daraus resultierenden „Recht des Stärkeren". Da Tiere keine in Gesetzesform kleidbaren Vereinbarungen mit den Menschen treffen und auch keinen gesetzlichen Vertreter bevollmächtigen können, kann und darf es auch keine Tierrechte geben.
Gerechtigkeit	ist **keine** gesellschaftlich zu vereinbarende ethische **Norm**, sondern primär nur ein persönliches, allenfalls ein auf eine Gruppe Gleichgesinnter oder Gleichinteressierter **beschränktes Empfinden**. Sie kann deshalb auch nicht zum Gegenstand einer allgemeinen gesellschaftlichen Forderung, einer Norm, gemacht werden, die gesetzlich geregelt werden könnte. Schon Platon entdeckte, dass Gerechtigkeit und andere Gefühle als „Urbilder" in der Seele des Menschen getragen werden und sein Handeln bestimmen (Weischedel, W.,2017, S53). Allerdings wird häufig das Wort Gerechtigkeit gebraucht, um eine Handlung oder ein Ereignis als „dem Gesetz entsprechend" zu bezeichnen. In diesen Fällen sollte man besser von Rechtmäßigkeit (rechtmäßig) oder Gesetzeskonformität (gesetzeskonform) sprechen.
Liebe	ist, ähnlich wie Gerechtigkeit, keine definierbare, gesellschaftlich zu vereinbarende Norm, sondern **ein tiefes, individuell empfundenes Gefühl, das weder vorgeschrieben noch eingefordert werden kann.** Allerdings wird der Begriff vielfach für die Beschreibung von Zuständen oder Empfindungen wie Zuneigung, Verbundenheit, Freundschaft, Humanität, Vorlieben und Ähnlichem verwendet. Dieser durchaus positive Gebrauch des Wortes ist jedoch inhaltlich weit von dem oben beschriebenen Gefühl entfernt.

8.3 Bereich der psychologischen Befindlichkeit (siehe sekundäre Grundbedürfnisse) (BPB) – des Individuums mit seiner Seele / der Gemeinschaft

Der Bereich der psychologischen Befindlichkeit stellt das Bindeglied zwischen Physikalisch-Biologischem (PBL) und Geistig-Kulturellem (GKL) Lebensbereich dar, ist mit beiden Bereichen eng verflochten und steht mit ihnen in steter Wechselbeziehung. Zentrales Kriterium dieses Bereichs sind die Gefühle und Gedanken. Roth und Strüber schreiben dazu:

„Gefühle werden vom Kind ebenso wie vom Erwachsenen interessanter Weise als etwas zwischen Geist und Körper Stehendes empfunden: Wir können einerseits Gefühle haben, die scheinbar körperlos sind, aber starke Gefühle gehen andererseits immer mit körperlichen Erscheinungen einher."

Unsere Gedanken, Vorstellungen und Erinnerungen erscheinen uns als immateriell (Roth, G., Strüber, N. 2014, S. 238). Das Gehirn kann offensichtlich Zustände hervorbringen, die wir als geistig-psychische Eigenschaften erleben (Roth, G., Strüber, N. 2014, S. 239).

Nicht zuletzt resultiert aus den Gefühlen das, was wir als Seele bezeichnen. Wie bereits in Kapitel 6 angeschnitten, ist die Seele untrennbar an die Hirnfunktion gebunden und umfasst die Gesamtheit aller Vorgänge, die sich in unserem bewussten, vorbewusst-intuitiven und unbewussten Fühlen, Denken, Wollen und Handlungsplanen ausdrücken. Entstehungsort dieser Funktionen ist die Großhirnrinde.

„In dem Maße, in dem nichtmenschliche Tiere über einen solchen Cortex oder ein ähnlich aufgebautes Hirnareal verfügen, ist das Vorhandensein seelischer Zustände bei ihnen wahrscheinlich."
(Roth, G., Strüber, N., 2014, S. 370 – 371),

Es steht jedoch außer Frage, dass alle diese Funktionen von dem Zustand des physikalisch-biologischen Lebensbereichs (siehe oben) abhängig sind und von dessen Zustandsänderungen entsprechend beeinflusst werden.

Dass frühkindliche und z.T. vorgeburtliche Traumatisierungen funktionelle und strukturelle Dysfunktionen im Gehirn verursachen können (Roth, G., Strüber, N., 2014, S. 380) macht deutlich, wie eng der Bereich der psychologischen Befindlichkeit mit dem physikalisch -biologischen Lebensbereich verknüpft ist. Die limbischen Zentren und Ebenen im Gehirn kommunizieren mit den vegetativen, sensorischen und exekutiven Zentren des Gehirns. Aus dieser komplexen Interaktion entwickeln sich Psyche und Persönlichkeit, gesteuert von dem Expressionsmuster der Gene und den Umwelteinflüssen, die etwa im Alter von 14 Jahren weitgehend abgeschlossen sind (Roth, G., Strüber, N., 2014, S. 382-383).

Die seelische Befindlichkeit der Individuen führt zwangsläufig zu einer gegenseitigen Beeinflussung, wenn sie in mehr oder weniger großen Gruppen zusammenleben. Dadurch entwickelt sich automatisch die Herausbildung einer bestimmten psychologischen Gruppenbefindlichkeit, die bei weitgehender Ähnlichkeit der Gefühle eine mehr oder weniger weitreichende Identifikation der Individuen mit der Gruppe „Gleichgesinnter" zur Folge hat. Diese Gruppenidentifikation reicht unter Umständen von der intellektuellen (verbalen) bis zur physischen Verteidigung der Gruppe. Umgekehrt kann eben bei großen Unterschieden der psychischen Befindlichkeit zwischen verschiedenen Gruppen die gewaltlose intellektuelle Auseinandersetzung zur Ausübung von Gewalt gegeneinander führen. Dieses Prinzip bewahrheitet sich zwischen den Menschen, angefangen von einer Zweiergruppe bis hin zur Auseinandersetzung zwischen Staaten und Staatengruppierungen.

An dieser Stelle möchte ich noch kurz auf die **Frage der Sinngebung oder Sinnfindung für unser Leben** eingehen. Grundsätzlich ist die Frage nach dem Sinn des Lebens ein Aspekt der psychologischen Befindlichkeit. Deshalb stellt sie sich keineswegs immer und für alle Menschen. Sie kann jedoch für Menschen, die sie sich stellen, von gravierender Bedeutung für ihre Lebensführung sein. In Kapitel 8.1 hatte ich bereits erwähnt, dass u.W. für das tierische Leben der Lebenswille und der Drang zur Fortpflanzung die einzigen sinngebenden Elemente sind. Diese beiden Elemente sind unser animalisches Erbe und spielen auch für die Sinngebung für das menschliche Leben eine bedeutsame Rolle. Da sich aber der Mensch durch seine Fähigkeit der geistigen Reflektion und Abstraktion von den Tieren unterscheidet, kommen auf Grund dieser Fähigkeit weitere Elemente zu dem Prozess der Sinngebung hinzu:

- **Religiös gebundene Menschen mit Gottesglauben** neigen dazu oder sind zutiefst davon überzeugt, dass **Gott ihnen einen „Lebensauftrag"** und damit ihrem Leben einen Sinn gegeben hat.

- **Menschen, die sich geistig nicht auf eine von einer externen Institution geprägte Sinngebung für ihr Leben beziehen können, müssen ihrem Leben, ergänzend zu dem animalischen Erbe (siehe oben), selbst einen Sinn geben,** sofern überhaupt das Bedürfnis nach einer solchen Sinngebung besteht Der Sinn kann dann wohl nur darin bestehen, für sich und die Gemeinschaften unterschiedlicher Art (Paar, Familie, Gruppe, Bevölkerung, Staat etc.) tätig zu sein. Z.B. schreibt Friedrich II. (der Große) in seinem Testament zu dieser Art der Sinngebung:

  „Unser Leben ist nur ein flüchtiger Übergang vom Augenblick unserer Geburt zu dem des Todes. Während dieser Spanne der Zeit hat der Mensch die Bestimmung, zu arbeiten für das Wohl der Gesellschaft, der er angehört". (zitiert aus Venohr, W. 1981).

In gleichem Sinne äußert sich Wolfgang von Goethe, wenn er in „Wilhelm Meisters Lehrjahren, IV" sagt:

„Tätig zu sein ist des Menschen erste Bestimmung, und alle Zwischenzeiten, in denen er auszuruhen genötigt ist, sollte er anwenden, eine deutliche Erkenntnis der äußerlichen Dinge zu erlangen, die ihm in der Folge abermals seine Tätigkeit erleichtert."

Oben wurde bereits erwähnt, dass das limbische System das Kommunikationssystem zwischen Großhirn (Cortex, phylogenetisch ältere Strukturen: Archipallium) und subcorticalen Strukturen ist. Dazu gehören neben dem Hippocampus eine Vielzahl weiterer anatomischer Strukturen des Zentralen Nervensystems, vornehmlich im Stammhirn (Wikipedia, Limbisches System, 14.01.2022). Dieses Kommunikationssystem ermöglicht funktionale Verbindungen zwischen seelischen und körperlichen Vorgängen und wird in der Medizin als das Gebiet der Psychosomatik bezeichnet (Wikipedia, Psychosomatik, 26.05.2021). Die Wechselwirkungen zwischen Psyche und Körper werden durch nervöse (elektrische) Impulse, chemische und humorale Überträgerstrukturen (Neurotransmitter, Hormone) ermöglicht. Wechselwirkung bedeutet, dass die Psyche Wirkungen auf den Körper ausüben kann, wie auch umgekehrt, körperliche Funktionen Einfluss auf die Psyche ausüben können. Immerhin wird von Ärzten geschätzt, dass ca. 20-80 % der Krankheiten durch die Psyche ausgelöst werden (Yogawiki. Psychosomatik, 24.11.2021). Dementsprechend dürften die positiven Placeboeffekte in etwa der gleichen Größenordnung liegen.

Die oben geschilderten, naturwissenschaftlich belegten, Zusammenhänge stimulieren die Selbstheilungsprozesse im weitesten Sinn und bieten die Grundlage für die Erklärung des Zustandekommens der positiven Wirkungen von z.B. Gebeten (siehe Kapitel 3) auf den psychischen und körperlichen Zustand von Menschen. Mit hoher Wahrscheinlichkeit bilden sie auch die Grundlage für die positiven Wirkungen von Placebos (pharmakodynamisch unwirksame Stoffe, die aber verbal mit einer Heilungsabsicht verabreicht werden). Auch die Wirkung von homöopathischen Präparaten und Naturheilverfahren (Heilpraktiker) mit pharmakodynamisch unwirksamen Präparaten dürften auf dieser Grundlage „funktionieren". Die Erfolge sog. (Wunder-)Heiler, Shamanen (auch wenn diese halluzinogene Substanzen verwenden; Wikipedia, 31.01.2022), Heilungen unter Hypnosen und in Trancezuständen sind ebenfalls durch die psychosomatischen Mechanismen zu erklären. Yoga und andere körperliche und geistige Übungen wie z.B. Sitzungen bei sog. Gurus sind mit großer Wahrscheinlichkeit geeignet, das psychosomatische Funktionssystem förderlich zu beeinflussen.

Ebenfalls können die sog. Wunderheilungen, sei es spontan oder durch und nach dem Besuch von bestimmten Pilgerstätten (z.B. Lourdes) auf diese Weise plausibel hinsichtlich des Wirkungsmechanismus erklärt werden. Insgesamt können wohl alle Heilverfahren, die sich hinter den Begriffen wie Fernheilung, Gebetsheilung, Handauflegen, Geistheilung, Spirituelle Energiearbeit, Aurachirurgie, Therapeutic Touch, Kinesiologie und weitere verbergen, dem psychosomatischen Heilungsmechanismus zugeordnet werden.

Der Glaube „versetzt eben nicht nur Berge", sondern kann auch den psychischen und gesundheitlichen Zustand des Menschen außerordentlich positiv durch Stimulierung der Selbstheilungskräfte beeinflussen.

9. Grundregeln, deren Einhaltung das friedliche Zusammenleben der Menschen ermöglichen (Ethik, Moral, Sitten und Gebräuche)

Es gehört zu den primären Grundbedürfnissen des Menschen (siehe Kapitel 7.1.), in Gemeinschaften zu leben. Um das Zusammenleben in Gemeinschaften, vom Paar bis zu Volksgemeinschaften und Völkern in unterschiedlichen Organisationsformen, auskömmlich zu gestalten, hat sich die Einhaltung bestimmter Grundregeln in der Evolution der menschlichen Gesellschaft als nützlich und notwendig erwiesen. Auf diese Grundregeln und ihre Entwicklung wird nachfolgend näher eingegangen.

9.1 Begriffsklärung

Die Begriffe Ethik, Moral, Sitten und Gebräuche umfassen die in einem bestimmten Zeitraum in einer bestimmten Gruppierung [Paar, Familie, Menschengruppe, Bevölkerung eines Dorfes, einer Stadt, eines Landes, einer Glaubens- oder Weltanschauungsgemeinschaft, eines Staates (Volkes), Staatenverbundes, Kontinents oder der ganzen Welt] gesellschaftlich vereinbarten Normen (Verhaltensgrundsätze) für das Zusammenleben und deren ständige Rechtfertigung. Im folgenden Text werden die verschiedenartigen Normen (siehe oben) unter dem Begriff „Moralität" (de Waal 2015, S. 33) zusammengefasst.

Diese Normen sind zeitlich und regional (siehe oben) gebunden, d.h. sowohl zeitabhängig (historisch) wie auch regional dem Wandel unterworfen. Es gibt mithin keine immerwährend stabilen, allgemeingültigen Verhaltensnormen, eben auch keine solche Ethik, die in allen Regionen der Welt und in allen Kulturkreisen verbindlich sein könnte, es sei denn, man würde sich weltweit zum kategorischen Imperativ Kant's bekennen, der in der Essenz besagt

„Handle nur nach derjenigen Maxime, durch die du zugleich wollen kannst,
dass sie ein allgemeines Gesetz werde".
(Wikipedia, 20.12.2021)

In etwas anderen Worten habe ich im Alter von 7-8 Jahren von meiner Groß-mutter gelernt

„Was du nicht willst, das man dir tu',
das füg auch keinem ander'n zu".

Aber leider sieht die Realität bei weltweiter Betrachtung etwas anders aus.

Bisher sind die moralischen Normen und das menschliche Selbstverständnis weitgehend durch die Religionen geprägt worden (Gesinnungsethik nach Max Weber, 2018, Seite 42), obwohl erste Ansätze für Moralität bereits bei den unter dem Menschen stehenden Primaten erkennbar sind (siehe unten). Diese Religionen verlieren mehr und mehr an Bedeutung, werden von einzelnen Autoren als theoretisch widerlegt gehalten und haben sich in der Praxis z.T. als schlechte Ratgeber für die Menschen erwiesen [z.B. religiöser Fundamentalismus, Religionskriege; siehe auch Kriminalgeschichte des Christentums (Deschner, K. 1986)]. Deshalb muss heute auf die wissenschaftliche Forschung [(z.B. Neurophysiologie, Psychologie, Verhaltensforschung (Gü.)] zurück gegriffen werden, um ein mit empirischen Erkenntnissen überein-stimmendes und ethisch tragfähiges Menschen- und Weltbild zu entwickeln (Schmidt-Salomon 2006) (Verantwortungsethik nach Max Weber, 2018, Seite 42).

Dementsprechend rechnet der Verantwortungsethiker mit den durch-schnittlichen Defekten der Menschen und fühlt sich nicht in der Lage, die Folgen des Tuns der Menschen auf andere (z.B. Götter) abzuwälzen, sondern die Menschen sind selbst dafür verantwortlich (Weber, M. 2018, Seite 42). Allerdings gelangt der verantwortungsethisch handelnde Mensch (bei Max Weber der Politiker) irgendwann an den Punkt, dass er sagt: „Ich kann nicht anders, hier stehe ich". Das ist sehr menschlich, verlässt aber den Boden der Verantwortungsethik.

„Insofern sind Gesinnungsethik und Verantwortungsethik nicht absolute Gegensätze, sondern Ergänzungen, die zusammen erst den echten Menschen ausmachen…".
(Weber, M. 2018, Seite 48)

9.2   Inhalte und ihre Entwicklung

Moralität ist ein Regelsystem, bei dem es vor allem um das „einander Helfen" oder zumindest um das „niemandem weh tun" geht. Es betrifft das Wohlergehen der Anderen und stellt die Gemeinschaft über das Individuum. Andere Normen sind von geringerer Bedeutung.

Moralität in der menschlichen Gesellschaft ohne Religion (oder eine religionsähnliche Weltanschauung, z.B. Buddhismus; Gü.) in irgendeiner Form ist nicht bekannt (de Waal 2015, S. 33). Es stellt sich deshalb die Frage, ob erst Religion zu Moralität geführt hat oder ob es Hinweise auf Moralität unterhalb der Spezies Mensch gibt, wo eine Religion u.W. nicht existent ist; mit anderen Worten: ob sich nicht auch Moralität im Laufe der biologischen Evolution bis zum heutigen Status entwickelt hat.

Moralität setzt Empathie (Empfinden und Fürsorge für andere Individuen) voraus. Das bedeutet, dass in der Moralität emotionale Beweggründe rationale Erwägungen dominieren, wenngleich das Ausmaß der Nützlichkeit für die jeweilige Gemeinschaft hinsichtlich der Akzeptanz nicht unterschätzt werden darf. Arthur Koestler lässt in seinem Roman „Sonnenfinsternis" seinen Helden Rubaschow in seinem Tagebuch formulieren:

…das einzige moralische Kriterium, das wir anerkennen, (ist) das der sozialen Nützlichkeit…".

Allerdings wird dieses moralische Kriterium von ihm, der in seiner kommunistischen Ideologie gefangen ist, sofort pervertiert, indem er meint:

„(Es)….ist offenbar ehrenhafter, seiner Überzeugung öffentlich abzuschwören,

damit es einem erlaubt bleibe, der Partei (der Idee) weiter zu dienen, als don-quichottisch für eine verlorene Sache zu kämpfen"
(Koestler, A. 1967).

Diese Ansicht unterstreicht durchaus den negativen Einfluss der Rationalität auf die Moralität, der mit Rücksicht auf die eigene individuelle Sicherheit zu opportunistischen Verhaltensweisen führt (das „Handeln wider besseres Wissen"). Sehr ausführlich beschreibt Schalamow in seinem autobiographischen Roman „Durch den Schnee; Erzählungen aus Kolyma", wie das Lagerleben von A bis Z eine negative Schule des Lebens und für die Moral ist:

„Unter dem Einfluss von Schwerarbeit, Kälte, Hunger und Schlägen lernt der Häftling, die Arbeit zu hassen, er lernt Schmeichelei und Lüge, Gemeinheiten, Versprechen zu brechen, das Geld der Kameraden zu versaufen, Faulenzen, Betrügen, das Verständnis für fremden Kummer zu verlernen, Menschen hassen, Denunziation, Angst vor Nachbarn, Faust und Stock statt Argumenten zu gebrauchen, physische Nötigung, Ganovensprache und -leben. Innerhalb von 3 Wochen fallen Zivilisation und Kultur vom Menschen ab, er wird zur Bestie"
(Schalamow, W., 2007, S. 232-235, 289.).

Auch aus der Geschichte gibt es genügend Beispiele, wie die Angst um das eigene Leben die Moralität untergräbt und zu opportunistischem Verhalten führt. Man denke z.B. an Galileo Galilei, der vor der Inquisition dem von ihm gelehrten Kopernikanischen Weltbild abgeschworen hatte, um dem Scheiterhaufen zu entgehen, oder an die die deutsche Generalität im 2. Weltkrieg, die nach der Niederlage in Stalingrad 1943 eingesehen hatte, dass der Krieg verloren sei und ihn dennoch bis zum bitteren Ende weiter führte. Weitgehend eingeschränkt und teilweise außer Kraft gesetzt sind offenbar sowohl Empathie als auch Rationalität in Diktaturen auf Grund des Glaubens an die eigene Unfehlbarkeit, sei es mit oder ohne Bezugnahme auf eine Religion/ Ideologie (z.B. Päpste bis in die Neuzeit, Adolf Hitler, Josef Stalin, kommunistische Parteien wie die KPdSU in der Sowjetunion und die SED in der DDR).

Insgesamt erweisen sich also menschliche Moralität, Kultur und Zivilisation als äußerst sensible und fragile Lebensbereiche.

Der Schriftsteller Willy Kramp, selbst durch die harte Schule der sowjetischen Kriegsgefangenschaft gegangen (Kramp, Willy, 1965), fasst die Möglichkeit des schnellen Verlustes der Moralität wie folgt in m.E. außerordentlich treffender Weise zusammen:

> *„Aber ich will sagen, dass es so etwas wie eine **Anpassung nach unten**, ein Absinken auf die tierische Stufe offenbar geben kann – um des Überlebens willen. Der Mensch **ist** nicht, er **wird.** Und zum Menschen wird er durch Sozialisation mit seinesgleichen; **durch Lernen, Üben, Tradition. Geist und Kultur müssen von jedem Individuum stets neu errungen werden. Die Form des Humanen ist immer wieder gefährdet, kann immer wieder zerbrechen.“***
> (Kramp, W., 1984, S. 184)

Da Menschen (und andere Spezies) von Natur aus „Gruppenwesen" sind, d.h. darauf angelegt, in mehr oder weniger großer Gemeinschaft zu leben, besteht natürlicher Weise das Bedürfnis, miteinander auszukommen. Gleiches ist z.B. bei Schimpansen zu beobachten (de Waal, 2015, S. 176-177). Obwohl das Prinzip „Auge um Auge, Zahn um Zahn" stark ausgeprägt ist, basiert das Sozialverhalten dieser Menschenaffen auf Wohlwollen und Ungunst, ob es nun um Futter, Sex, Fellpflege oder die Unterstützung bei Auseinandersetzungen geht. Erwartungen an Artgenossen und negative Reaktionen auf Vertrauensbrüche werden vermutet (de Waal, 2015, S. 177).

Die soziale Hierarchie in der tierischen Gesellschaft wird selten friedlich ausgehandelt und ist dennoch ein System, das nur mit der Unterdrückung von Impulsen funktioniert. Diese Impulskontrolle ist der Schlüssel zur Entwicklung der Moralität (de Waal, 2015, S. 204) und bedeutet, dass schon Tiere um die Folgen ihres Handelns wissen und dementsprechend ihr Verhalten ausrichten, d.h. Verhaltensnormen (Moralität) entwickeln und akzeptieren (de Waal, 2015, S. 206).

Auch bei der Aufzucht des Nachwuchses von Caniden (Hundeartigen) und

Feliden (Katzenartigen) durch die Mütter in relativ sicherer Umgebung ist zu beobachten, dass die Jungtiere beim Spielen die Grundregeln lernen, wie stark sie zubeißen, wie grob sie reagieren dürfen und wie man Konflikte löst. Mithin wird ein sozialer Verhaltenscodex entwickelt, der regelt, was zulässig ist und was nicht. Das kann durchaus als der Beginn der Entwicklung von Moralität interpretiert werden (Bekoff, Marc, 2001; Social play behaviour: cooperation, fairness, trust, and the evolution of morality. Journal of Consciousness Studies, 8, 81-90 Zitat S. 85;2001, zitiert aus de Waal, 2015, S. 308).

Die oben angeführten Zitate belegen, dass es auch hinsichtlich der Moralität eine bereits im Tierreich unterhalb der Spezies Mensch angelegte Evolution gibt. Konfliktvermeidung spielt dabei sowohl bei Tieren als auch bei der menschlichen Spezies eine wichtige Rolle. Schon Thomas Hobbes (1642 nach Christus) deutete an:

"Denn von jedem Menschen nimmt man an, dass er das für ihn Nützliche von Natur, das Rechte aber nur des Friedens wegen und erst in zweiter Linie erstrebt."

Auch der Gerechtigkeitssinn ist bei Affen anschaulich zu beobachten und dem entsprechenden Empfinden beim Menschen gleichzusetzen. Er entspringt also nicht der Rationalität sondern ist vielmehr in grundlegenden Emotionen verwurzelt (de Waal, 2015, S. 311) (siehe Seite 13), d.h. Gerechtigkeit ist keine Norm sondern ein Gefühl.

„Fairness und Gerechtigkeit können daher als eine entwicklungsgeschichtlich uralte Fähigkeit gelten. Sie rühren von dem Bedürfnis her, angesichts des Wettstreites um Ressourcen die Harmonie in der Gruppe aufrechtzuerhalten. Wir Menschen haben... Gerechtigkeit mit anderen Primaten und Caniden gemein"
(de Waal, 2015, S. 313).

Dazu gehört auch die Loyalität, d.h. die auf gemeinsamen moralischen Normen basierende Verbundenheit und deren Ausdruck im Verhalten gegenüber den Individuen einer Gruppe oder Gemeinschaft. Loyalität bedeutet, im Interesse eines gemeinsamen höheren Zieles, die Werte des Anderen zu teilen und diese auch dann zu vertreten, wenn man sie nicht voll umfänglich teilt (Wikipedia 24.08.2020).

Wenn es um den Ursprung von Moralität geht, führt kein Weg an der Unterscheidung zwischen „Sein" und „Sollen" vorbei. Das „Sein" bezeichnet einen Zustand (soziale Gegebenheiten, geistige Fähigkeiten, neuronale Prozesse), d.h. es geht um Fakten. Bei dem „Sollen" handelt es sich um Werte. Tiere, die nach einem präskriptiven Kodex leben, haben den Übergang vom „Sein" zum „Sollen" vollzogen (de Waal 2015, S. 220).

Dabei bleibt offen, ob dies bewusst oder unbewusst durch den natürlichen Zwang zur Existenzsicherung, mithin rein evolutionär, geschehen ist. Das „Sollen" setzt natürlich das „Können" voraus, so dass die sich entwickelnden moralischen Regeln zwangsläufig speziesspezifisch sein müssen (de Waal, 2015, S. 221).

In Gesellschaft lebende (soziale) Tiere sollen miteinander auskommen. Dabei stärkt gemeinschaftliches Handeln die Beziehungen (de Waal, 2015, S. 286).

Die menschliche Moralität hat sich aus der Fähigkeit entwickelt, sich in andere Menschen hineinzuversetzen (Empathie), und aus dem Bewusstsein, dass man Kompromisse schließen und auf andere Rücksicht nehmen muss, um von den Vorteilen des Gruppenlebens profitieren zu können (de Waal, 2015, S. 222), d.h., sie muss für das Zusammenleben nützlich sein.

Das moralische Gesetz (besser wäre „Die Moralität" Gü.) wird nicht von außen aufgestülpt oder aus irgendwelchen gut durchdachten Prinzipien abgeleitet. Vielmehr entspringt es tief verwurzelten Werten, die schon immer vorhanden waren. Der grundlegendste dieser Werte leitet sich von der Aufrechterhaltung des Gruppenlebens ab. Das Bedürfnis, dazu zugehören, mit anderen auszukommen, zu lieben und geliebt zu werden, bringt uns dazu, alles in unserer Macht stehende zu tun, um mit denjenigen, die wir brauchen, die für uns nützlich sind, ein gutes Verhältnis zu pflegen. Andere soziale Primaten haben diesen Wert mit uns Menschen gemein und verwenden den gleichen Filter zwischen Emotion und Handeln, um einen für alle akzeptablen „Modus vivendi" zu finden (de Waal, 2015, S. 306).

Allerdings, solange nicht echte prosoziale Gefühle der Antrieb sind, ist das „moralische Gesetz" (besser „ die Moralität" Gü.) nur bedingt verlässlich. Das bedeutet, dass bei schwindender Nützlichkeit die Akzeptanz der jeweilig betroffenen moralischen Norm früher oder später abnimmt oder ganz verloren geht. Dieser Vorgang belegt, dass gesellschaftlich einst vereinbarte moralische Normen ihre Bedeutung verlieren und abgeschafft bzw. durch neue andere Normen abgelöst werden.

Die zweite treibende Kraft, die der Moralität Geltung verschafft, ist die Angst vor der Bestrafung (de Waal, 2015, S. 224).

Dem menschlichen Bedürfnis nach Zugehörigkeit zu einer Gruppe entspringt u.a. auch der Drang nach Religion und einer religiösen Gruppierung anzugehören (King, Barbara,; Evolving God:A Provocative View on the Origins of Religion. New York Doubbleday, 2007, zitiert nach de Waal, 2015, S. 287).

Da die Religion eine Erfindung der Menschheit ist (de Waal, 2015, S. 132) – Menschen werden offensichtlich mit der Veranlagung geboren, alles wissen zu wollen und dort, wo sie nicht weiter wissen, an etwas zu glauben oder überhaupt an etwas Übergeordnetes zu glauben (siehe primäre Bedürfnisse, Kapitel 7.1.) – spielt sie mit ihren Drohungen und Versprechungen zweifellos eine bedeutsame Rolle bei der Etablierung und Durchsetzung der von dieser Religion geprägten und formulierten Moralität in der menschlichen Gesellschaft. Allerdings, die Konsequenz unmoralischen Handelns erfährt jedes Individuum nicht im Jenseits sondern auf Erden. Das trifft für alle in Gesellschaft lebenden Spezies einschließlich des Menschen zu (de Waal, 2015, S. 226).

Aus dem vorher Gesagten geht eindeutig hervor, dass sich Moralität im Laufe der Evolution, wie viele Organ- und andere morphologische und physiologische Entwicklungen, von einfachen Verhaltensregelungen niederer sozialer Spezies zu den vielschichtigen und komplexen Verhaltensnormen (Moralität) menschlicher Gesellschaften entwickelt hat, mithin dem „Bottom-up-Prinzip" (de Waal, 2015, S. 233) gefolgt ist, d.h. Moralität ist in der Biologie verankert (de Waal, 2015, S. 250)!!

„Der menschliche Gemeinschaftssinn wird von aufgeklärtem Selbstinteresse (aufgeklärtem Egoismus, Gü.) angetrieben. Wir streben nach einem gut funktionierenden Ganzen, denn nur in einer intakten Gemeinschaft kann es dem Einzelnen gut gehen" (de Waal, 2015, S. 235). Wir diskutieren darüber, welche Regeln umgesetzt und welche Sanktionen angewendet werden sollen. Wir sind uns darüber im Klaren, dass selbst kleine Verstöße" (gegen die vereinbarten Normen, Gü.) sanktioniert werden müssen, damit größere gar nicht erst begangen werden. Dazu nutzen wir einen unserer größten Vorteile, die Sprache"…. „Sie gestattet uns auch, Erinnerungen lebendig zuhalten und bestimmte Regelverstöße immer wieder aufs Tapet zu bringen,"

so dass sie kumulativ im kollektiven Gedächtnis gespeichert werden können (de Waal, 2015, S. 237). Auf diese Weise kommt es zu einer ständigen Weiterentwicklung der gesellschaftlich vereinbarten Normen.

„Die zugrunde liegenden Werte sind auch in diesem Fall alles andere als kompliziert, denn eine gut funktionierende Gemeinschaft ist für alle Mitglieder von Interesse, aber hier ist es schwieriger, Parallelen zu anderen Tieren (besser „Spezies"; Gü.) zu finden. Durch Aufrichtigkeit und Vertrauenswürdigkeit können wir einen guten Ruf erwerben. Wer andere betrügt und nicht bereit ist, zu kooperieren, wird hingegen geächtet und ausgegrenzt. Unser Ziel ist es, alle auf Linie zu halten und kollektive Interessen über selbstbezogene zu stellen. Moralität dient dazu, die Vorzüge des Gruppenlebens zu streuen und Ausbeutung mittels einflussreicher Eliten einzudämmen" (de Waal, 2015, S. 314).

Es ist jedoch festzuhalten, dass wir zwar „Gruppentiere" sind, aber keine (zeitlosen; Gü.) Weltbürger (de Waal, 2015, S. 315), was uns zurückführt auf die in der „Begriffsklärung" dargestellte regionale und zeitliche Begrenztheit von Moralität. Von dieser Begrenztheit sind vermutlich nur wenige Verhaltensregeln auszunehmen, die bereits im Alten Testament (2. Moses, 20, 3-17), im „Edlen Achtfältigen Pfad" des Buddhismus und bei den „Zehn Geboten" des Christentums (Wikipedia, 16.02.2016, Ex 20, 2-17) ihren Niederschlag gefunden haben. Lässt man die rein religionsbezogenen Gebote einschließlich der Strafandrohungen außer Acht [„Wer Wissenschaft, Philosophie und Kunst besitzt, braucht keine Religion" (Schmidt-Salomon 2006, Seite 156)] , verbleiben als zeit- und regional unbegrenzte Verhaltensregeln über nahezu alle Kulturkreise hinweg bedeutsam:

- 5. Gebot: Ehre deinen Vater und deine Mutter, damit du lange lebst in dem Land...., (d.h. Bewahrung und Schutz der Familie Gü.)

- 6. Gebot: Du sollst nicht morden.

- 7. Gebot: Du sollst nicht die Ehe brechen.

- 8. Gebot: Du sollst nicht stehlen.

- 9. Gebot: Du sollst nicht falsch gegen deinen Nächsten aussagen.

- 10. Gebot: Du sollst nicht nach dem Haus deines Nächsten verlangen. Du sollst nicht nach der Frau deines Nächsten verlangen, nach seinem Sklaven oder seiner Sklavin, seinem Rind oder seinem Esel oder nach irgendetwas, das deinem Nächsten gehört..., (d.h. Schutz des Eigentums; Gü.)

Dabei handelt es sich um Empfehlungen („du sollst", nicht „du musst") für ein einvernehmliches Zusammenleben in Gruppen unterschiedlichster Größe, die sich im Laufe der Kulturgeschichte über ca. 5000 Jahre als zweckmäßig und förderlich erwiesen haben. Es werden jedoch ausdrücklich keine Verbote formuliert!

Bezeichnend in den Geboten 9 und 10 ist die Beschränkung auf den „Nächsten". Allerdings bleibt offen, wer das ist. Es kann nur vermutet werden, dass es sich um eine nahestehende Person aus der Gruppe, in der man lebt und in die man integriert sein will, handelt. Das wiederum wäre eine erstaunliche Einschränkung, bedeutet es doch, dass diese Gebote für weiter entfernt stehende Personen nicht gelten sollen – eine auch der heutigen Realität entsprechende und praktizierte Regelung!!

Etwas allgemeiner formuliert sind die empfohlenen Lebensregeln im „Edlen Achtfältigen Pfad" des Buddhismus, bestehend aus

Rechter Anschauung, Gesinnung, Rede, Konzentration, rechtem Handeln, Lebenserwerb, Bemühen, Überdenken.
(Maht, K.-H., 1981, S. 48),

Wie die anderen Primaten schätzen die Menschen als „Gruppentiere" den Wert von Beziehungen, die Vorteile von Kooperation, Vertrauen und Aufrichtigkeit und auch der Gerechtigkeitssinn geht auf diesen Hintergrund zurück (de Waal, 2015, S. 319).

Das bedeutet, dass schon im Tierreich die Ansätze von Moralität erkennbar sind und die Moralität bereits vor den Religionen da war, von diesen lediglich übernommen und gestärkt wurde (de Waal, 2015, S. 320). Andererseits wissen wir nicht, wie Moralität ohne Religionen aussehen würde, da bisher keine menschliche Kultur ohne Religion bekannt ist (de Waal, 2015, S. 33). Weitere (moralische) Grundsätze finden sich im nächsten Kapitel.

9.3   Einige allgemeine Grundsätze

Es gibt keine **naturgegebenen** Rechte außer dem „Recht des Stärkeren" und dem Naturgesetz des „Survival of the Fittest". Rechte im juristischen Sinne sind in unserem Sprachgebrauch immer einklagbare Ansprüche, die auf Vereinbarungen zwischen den Menschen beruhen, die in Gesetzesform gekleidet sind. Im Einzelnen handelt es sich um Verfassungen und die in den einzelnen Staaten verabschiedeten Gesetzesbücher. Daraus folgt: es gibt grundsätzlich für jedes Individuum nur die Möglichkeit, die ihm gegebenen Chancen gemäß seines eigenen Potentials (seiner physischen und geistigen Fähigkeiten) wahrzunehmen. Mit anderen Worten: es gibt kein originäres (naturgegebenes) Recht auf Leben, sondern nur die Chance, die (ohne eigenes Zutun des Individuums) erhaltene Gabe des Lebens in der jeweils gegebenen Umwelt wahrzunehmen. Daraus resultiert eben das aus der Evolution bekannte, oben genannte, Selektionsprinzip des „Survival of the fittest" unter den jeweilig gegebenen (Umwelt-) Bedingungen auch für das menschliche Individuum und die menschliche Gesellschaft. Allerdings wird die bedingungslose Umsetzung dieses Prinzips, zumindest in sozialen Gruppen, darunter auch die menschliche Gesellschaft, eben durch die jeweils etablierten Gesetze und die jeweils vereinbarte Moralität gemildert (Impulshemmung, siehe Kapitel 6.) und kommt nur in extremen Situationen („Sein oder Nichtsein", siehe Kapitel 9.2.) zur Geltung.

Da das Zusammenleben in der menschlichen Gesellschaft in Friedenszeiten auf diese Weise geregelt ist, darf niemand aus der Freiheit des ihm innewohnenden Denkens irgendwelche Rechte ableiten. Niemand hat deshalb das Recht, andere mit Gewalt zu seinen Ansichten zu zwingen.

Darüber hinaus sollte jeder mit seinen Mitmenschen, d.h. den Menschen in der eigenen unmittelbaren Umgebung, stets fair umgehen. Fairness geht als Begriff auf das englische Wort „fair" („anständig", „ordentlich") zurück und drückt eine (nicht gesetzlich geregelte) Vorstellung individueller Gerechtigkeit, Angemessenheit oder Anständigkeit aus (Wikipedia 24.08.2020). Jeder Mensch hat ferner das Recht, seine individuellen Vorstellungen von gutem Leben und Sterben im Diesseits zu verwirklichen, sofern er dadurch nicht gegen die gleichberechtigten Interessen Anderer verstößt.

Man soll keine Angst vor Autoritäten haben, sondern den Mut, sich des eigenen Verstandes zu bedienen. Die Stärke eines Arguments sollte völlig unabhängig davon sein, wer es äußert. Entscheidend für den Wahrheitswert einer Aussage ist allein, ob sie logisch widerspruchsfrei ist und unseren realen Erfahrungen in der Welt entspricht (Schmidt-Salomon, 2006, Seite 156-157).

Niemand sagt Worte und niemand vollbringt Leistungen von Ewigkeitswert. Niemand kann deshalb für sich in Anspruch nehmen, über absolute

Wahrheiten zu verfügen (auch nicht z.B. Moses, Buddha, Jesus von Nazareth, Mohammed oder andere sog. Propheten und/oder Begründer von Weltanschauungen und/oder Religionen – sie waren alle nur Menschen!).

Einsichten, die das Ausleben des individuellen und/oder kollektiven Egoismus eingrenzen, wachsen nur durch geistig-kulturelle, und wenn dies erfolglos ist, durch physikalisch-biologische Zwänge; leider dominieren die Letzteren („bessere Einsichten wachsen nur durch psycho-physische Zwänge").

Man muss nicht unbedingt alles Leid dieser Welt tragen wollen (bewusster Schutzmechanismus zur Stärkung des individuellen und kollektiven psychischen Wohlbefindens).

Grundsätzlich muss davon ausgegangen werden, dass in jedem Menschen das Potential vorhanden ist, alle bekannten menschlichen Verhaltensweisen – sowohl positiv als auch negativ bewertete – auszuleben.

Das angeborene Streben nach Erkenntnis, geistigem und/oder materiellem Eigentum mit den dazwischen möglichen Wechselwirkungen (siehe auch primäre und sekundäre Grundbedürfnisse, Kapitel 7.) sowie die individuelle Kreativität sind die entscheidenden Quellen für erfolgreiche Forschung, Entwicklung und Ökonomie. Deshalb können Ideologien, die dieses Streben bekämpfen, einschränken oder gar abschaffen wollen (z.B. Sozialismus/ Kommunismus, frühes Christentum) keinen dauerhaften Erfolg haben, sind freien Gesellschaften auf Dauer unterlegen und früher oder später zum Scheitern verurteilt.

Vermutlich aus der gleichen Erkenntnis resultieren „The ten cannots" von WJH Boetker (1890-1965) :
- Ihr werdet keinen Wohlstand erlangen, wenn ihr nicht zur Sparsamkeit ermutigt.
- Ihr werdet die Schwachen nicht stärken, indem ihr die Starken schwächt.
- Ihr könnt dem kleinen Mann nicht helfen, indem ihr die Großen zerstört.

- Ihr werdet den Armen nicht helfen, indem ihr die Reichen ausmerzt.
- Ihr werdet denen, die ihren Lebensunterhalt verdienen müssen, nicht helfen, indem ihr die ruiniert, die ihn bezahlen.
- Ihr werdet eure Probleme nicht lösen, indem ihr mehr ausgebt, als einnehmt.
- Ihr werdet keine Brüderlichkeit schaffen, indem ihr den Klassenhass schürt.
- Ihr werdet nie Sicherheit erlangen, indem ihr euch verschuldet.
- Ihr werdet kein Interesse an den öffentliche Angelegenheiten und keinen Enthusiasmus wecken, wenn ihr dem Einzelnen seine Initiative und seine Freiheit nehmt.
- Ihr könnt Menschen nie auf Dauer helfen, wenn ihr für sie tut, was sie selbst für sich tun sollten und könnten.

„Genieße dein Leben, denn es ist dir höchstwahrscheinlich
nur dieses eine gegeben"
(Schmidt-Salomon, 2006, S. 158)

10.   Die Erde als Raumschiff

10.1   Vorbemerkung

Die Erde ist einer der 8 großen Planeten (Merkur, Venus, Erde, Mars, Jupiter, Saturn, Uranus, Neptun; Reihenfolge beginnend mit dem sonnennächsten Planeten) unseres Sonnensystems. Sie entstand vor ca. $4{,}8 \times 10^9$ Jahren, umkreist die Sonne einmal in 365 Tagen mit einer Geschwindigkeit von ca. 40.000 km/h und ist für sich genommen eine Art Raumschiff, d.h. ein Weltraumgefährt mit einer begrenzten Kapazität.

Nach dem gegenwärtigen Stand des Wissens begann das Leben auf der Erde vor etwa $3{,}5 \times 10^9$ Jahren. Von diesem Zeitpunkt an startete die biologische Evolution, an deren Spitze z.Zt. der Mensch steht. Soweit wir wissen, ist die menschliche Existenz bisher nur auf der Erde präsent. Menschliches Leben auf erdähnlichen Himmelskörpern in anderen Sonnensystemen, von denen im All vermutlich etwa 200 Milliarden (200×10^9) oder mehr existieren, wird zwar für möglich gehalten; es gibt jedoch bisher keine Anhaltspunkte für seine Präsenz. So beschränkt sich die menschliche Existenz z.Zt. nur auf die Erde.

Hier ist die Spezies Mensch für ihre Erhaltung allein verantwortlich (siehe auch Kapitel 9.), sofern nicht gravierende kosmische Einflüsse wie z.B. Kometeneinschläge oder geologische, d.h. erdgebundene dramatische Veränderungen (z.B. Vulkanausbrüche und Erdbeben infolge der Kontinentalverschiebungen) seine Existenz bedrohen. Immerhin ist das Leben auf der Erde durch derartige Naturereignisse mindestens zweimal, letztmalig vor ca. 50 Millionen Jahren, nahezu ausgelöscht worden.

Die Menschheit und alle anderen lebenden Bewohner der Erde (Pflanzen, Tiere, Mikroben) müssen mit den innerhalb der Atmosphäre vorhandenen Ressourcen für die Sauerstoffversorgung, die Ernährung und die Energieversorgung auskommen (siehe Abb. 2, C, D, E, F)

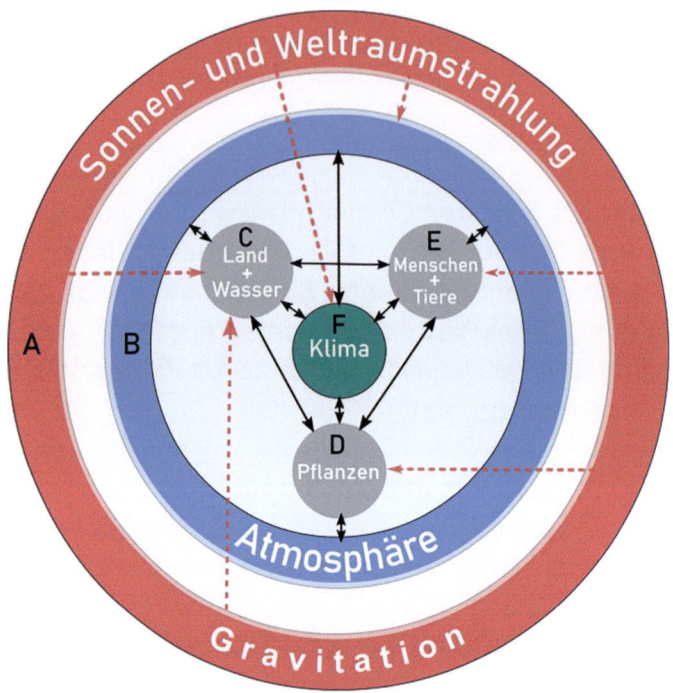

Abb. 2 Das Erdklima als kybernetisches Modell

Die Sauerstoffversorgung geschieht im Wesentlichen durch den Sauerstoffkreislauf zwischen Atmosphäre und Flora, dem Pflanzenreich (siehe Abb.2, B, D). Für den Sauerstoffverbrauch sind vor allem die Tierwelt, der Mensch durch seine Atmung und durch die von ihm ausgelösten Verbrennungsprozesse unterschiedlicher Art (z.B. Energiegewinnung, Land-, See- und Luftverkehr, Müll- und Leichenverbrennung) verantwortlich.

Die Ernährung der Menschheit erfolgt durch die Nutzung und Pflege von Fauna, Flora und beides durch die Agrikultur (siehe Abb. 2, C, D, E).

Die Funktion aller drei Zonen ist abhängig von Sonnen- und Weltraumstrahlung sowie Gravitation (Abb.2, A) und Atmosphäre (Abb. 2, B). Die Wechselwirkungen zwischen allen Zonen A bis F sind von entscheidender Bedeutung für die Bedingungen, die den Erhalt des Lebens einschließlich der Menschheit auf der Erde ermöglichen.

Die Ressourcen für die Energieversorgung können in zwei Kategorien eingeteilt werden:

1. Auf unabsehbare Zeit beständige Ressourcen
- Sonnen- und Weltraumstrahlung als direkte und Gravitation als indirekte (Gezeiten) erdexterne Energiequellen;
- Erdwärme, Wasserkraft, Wind und Biomasse, in Zukunft voraussichtlich auch Kernfusion, als terrestrische Energiequellen.

2. In absehbarer Zeit erschöpfliche Ressourcen
- Kohle, Erdgas, Erdöl und Uran (Atomkraft)

Die menschliche Existenz auf der Erde ist in erster Linie von den klimatischen Bedingungen abhängig. Ob es ähnliche klimatische Bedingungen auf anderen Planeten gibt, ist bisher ungeklärt. Obwohl das Klima auf der Erde in erster Linie ein Ergebnis der kosmischen Evolution (siehe Kapitel 5.) ist, unterliegt es einer Reihe von Einflüssen, auf die im nächsten Kapitel eingegangen wird.

10.2   Das Klima

Das Klima auf der Erde ist das Resultat aus einer ganzen Reihe unterschiedlicher Einflussfaktoren. Sie sind in der Abbildung 2 schematisch als kybernetisches Modell dargestellt.

Die einzelnen Faktoren unterscheiden sich neben ihrer Herkunft vor allem durch die Möglichkeiten ihrer Beeinflussbarkeit durch den Menschen. So sind die Sonnen- und Weltraumstrahlung sowie die Gravitation (Abb. 2, Zone A) unmittelbar gar nicht beeinflussbar. Die Sonnen- und Weltraumstrahlung sind allerdings mittelbar durch die Zusammensetzung der Erdatmosphäre (Abb. 2, Zone B) hinsichtlich ihrer Wirkung (siehe gestrichelte Pfeile) auf Land und Wasser (Abb. 2, Zone C) , Pflanzen (Abb.2, Zone D) sowie Menschen und Tiere (Abb. 2, Zone E) modifizierbar.

Das Klima (Abb. 2, Zone F) ist letztlich das Ergebnis der Wirkung der Faktoren A – E und deren Wechselwirkungen untereinander. Die Intensität der Beeinflussbarkeit der Wechselwirkungen der zentralen Faktoren B-E ist deutlich höher (ausgezogene Pfeile). Eine weitergehende Quantifizierung der Bedeutung, d.h. Gewichtung der einzelnen Faktoren für die Klimaentwicklung wird in der Abb. 3 versucht.

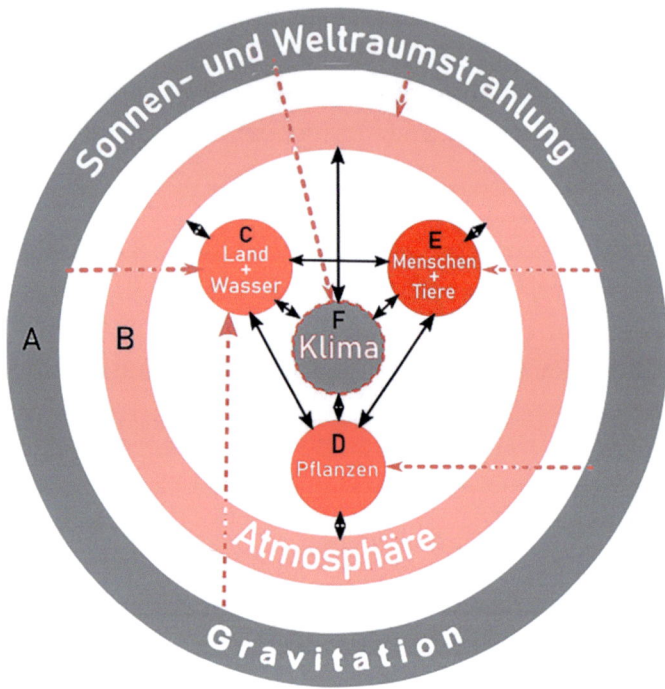

Abb. 3: Gewichtung der verschiedenen Zonen und Einflussfaktoren für das Klima
unter Berücksichtigung der Beeinflussbarkeit durch den Menschen.
(abnehmende Farbintensität = abnehmende Bedeutung)

Dabei wird nur der Einfluss der Faktoren E (Menschen und Tiere), C (Land und Wasser), D (Pflanzen) und B (Atmosphäre) betrachtet. Die Einflussfaktoren Sonnen- und Weltraumstrahlung sowie Gravitation (Zone A) auf das Klima entziehen sich weitgehend den erdgebundenen Einflussmöglichkeiten.

Lediglich die Einflussfaktoren C (Land und Wasser), D (Pflanzen) und E (Menschen und Tiere) können über von ihnen beeinflusste Veränderungen der Atmosphäre (Zone B) mittelbar die Wirkung von Sonnen- und Weltraumstrahlung modifizieren.

Die Gewichtung der einzelnen Faktoren wird in Abb. 3 durch die unterschiedlichen roten Farbtöne visualisiert. Demnach haben Menschen und Tiere sowohl direkt als auch indirekt den bedeutendsten erdgebundenen Einfluss auf Veränderungen des Klimas.

Der direkte Einfluss wird im Wesentlichen über den Ausstoß von klimaschädlichen Gasen ausgeübt. Zu nennen sind hier Kohlendioxid (CO_2), Methan (CH_4), Lachgas (NO_2), fluorierte Gase (F-Gase), wasserstoffhaltige Fluorkohlenwasserstoffe (HFKW), perfluorierte Kohlenwasserstoffe (FKW), Schwefelhexafluorid (SF_6) und Stickstofftrifluorid (NF_3) (Umweltbundesamt 2022).

In der Tab. 3 sind für die bedeutendsten anthropogenen Treibhausgase einige detaillierte Daten enthalten:

Tab. 3 Anthropogene Emission von Treibhausgasen
(Umweltbundesamt 02.02.2022)

Art	Herkunft	Anteil (%)[1]	Präsenz- zeit in der Atmosphäre (Jahre)	Wirksamkeit im Vergleich zu CO_2
CO_2	fossile Energieträger	66,1	>1000	1
Methan	Land-/Forstwirtschaft Massentierhaltung Klärwerke/Müllverbrenng.	16,4	12,4	25
Lachgas	Düngemittel Massentierhaltung Kunststoffproduktion	6,4	121	298
Fluorierte Gase	Treibgase Kühl-, Lösemittel Schallschutzscheiben	6,9	?	

[1] NDAA 2020

Der indirekte Effekt erfolgt über die Nutzung und dabei Veränderung bis Schädigung von Land und Wasser (Zone C) und Pflanzen (Zone D). Die Abhängigkeit dieser Veränderungen von der Erdbevölkerung wird im nächsten Kapitel (10.3) beleuchtet.

10.3   Die Erdbevölkerung und ihre Folgen

Z.Zt. leben auf der Erde ca. 8 Milliarden (ca. 8 x 10^9) Menschen. Unseres Wissens ist der Mensch die einzige Säugetierspezies, die seit ca. 10 (-20) Millionen Jahren (Zeitraum der menschlichen Evolution) bisher unaufhörlich zahlenmäßig wächst, zunächst sehr langsam (in den ersten 1800 Jahren n. Chr. von 200-400 Millionen auf ca. 1 Milliarde in den Jahren 1804/05) , aber danach in innerhalb von nur ca. 123 Jahren, d.h. bis 1927, auf 2 Milliarden (Bundeszentrale für politische Bildung, Informationen zur politischen Bildung, 2013, Seite 6). Die stetige Verkürzung des Zeitraums für den Zuwachs um jeweils eine Milliarde ist in der Tabelle 4 dargestellt:

Tab. 4. Zeiträume für den Bevölkerungszuwachs auf der Erde
(Statista 04.01.2022; Rudnicka 11.12.2020)

Jahre bis zum Erreichen der Zahl (ca.)	Milliarden Menschen (10^9)	Kalenderjahr
1800	1	
123	2	1927
33	3	1959
15	4	1974
13	5	1987
12	6	1998
12	7	2010
11	ca. 8	2021*

* geschätzt

Die Zahlen dokumentieren einen rasanten Anstieg der Weltbevölkerung seit etwa 1927 und eine Abflachung der Wachstumsraten seit etwa 1987. Die gegenwärtigen Schätzungen für die weitere Entwicklung der Bevölkerungszahl sind variabel und schwanken in der Prognose für 2100 zwischen 6,5 und 28,6 Milliarden (6,5-28,6 x 10^9). Während die niedrigste Variante also eine Bevölkerungsabnahme projiziert, geht die höchste von einer Fortsetzung des exponentiellen Wachstums aus. Dazwischen liegen die Schätzungen von 10,9-16,6 Milliarden (Schwentker, B. 2013). Unter Berücksichtigung dieser Zahlen wird zunehmend interessant, zu welchen Umweltbelastungen die Existenz der Menschen führt.

Betrachtet man allein den CO_2-Ausstoß der Menschen durch die Atmung, ergibt sich pro Mensch, je nach Beschäftigung, eine jährliche CO_2-belastung der Umwelt von 170-2040 kg. Bei Annahme eines Mittelwertes von 1105 kg, abgerundet 1 Tonne, errechnet sich daraus bei einer Bevölkerungszahl von 8 Milliarden ein Ausstoß von 8 Milliarden (8 x 10^9) Tonnen (Vogel, Christoph, 2021). Diese Menge ist als primär durch den Menschen verursachter CO_2-Ausstoß zu klassifizieren. Erstaunlicher Weise geht aus den mir bisher vorliegenden Berechnungen der CO_2-Emissionen weltweit nicht hervor, dass dieser Faktor separat ausgewiesen und berücksichtigt wurde.

Laut Statistika (24.11.2021) betrug der weltweite CO_2-Ausstoß im Jahr 2020 ca. 34,8 Milliarden (34,8 x 10^9) Tonnen.

Legt man die von Borgeest und Kowalsky (2021) dargestellte prozentuale Aufteilung nach Verursachern, ergänzt durch den direkt von Menschen verursachten (ausgeatmeten) CO_2-Ausstoß zugrunde, beträgt letzterer immerhin beachtliche ca. 18,7, gerundet 19 % . Damit liegt er bei den Ursachen der Treibhausgasemissionen deutlich über den Faktoren „Abbau und Förderung von Kohle, Gas und Erdöl" (ca. 9,4, gerundet 9 %), „Verkehr (ca. 12,9, gerundet 13 %) , „Gebäude" (ca. 14,5, gerundet 14 %) etwa in der Größenordnung der gesamten „Landwirtschaft und Landnutzung" (ca. 18,7, gerundet 19%) und wird nur von der Industrie (ca.26 %) übertroffen. Weitaus größer als die direkte (primäre) CO_2-Emission des Menschen ist jedoch der vorwiegend durch die Menschen verursachte sekundäre CO_2-Ausstoß, der in den anderen genannten Faktoren enthalten ist.

In diesem Zusammenhang ist interessant, die Bedeutung des Bevölkerungswachstums auf der Welt zu betrachten. In der Abb. 4 werden die logischen Konsequenzen des Bevölkerungswachstums aufgezeigt. Bei der Darstellung der Folgeerscheinungen des Bevölkerungswachstums wird versucht, diese in 3 Kategorien zu unterteilen:

1. Primäre Folgeerscheinungen: Hier sind die direkt und unmittelbar vom Menschen verursachten Wirkungen zusammengefasst.

2. Sekundäre Folgeerscheinungen: Sie umfassen die aus den primären Folgeerscheinungen hervorgehenden Effekte.

3. Tertiäre Folgeerscheinungen: Hier sind schließlich die Resultate zusammengefasst, die eine erhebliche Beeinträchtigung der Lebensgrundlagen bedeuten und im Extremfall den Menschen ihre Lebensgrundlagen entziehen könnten.

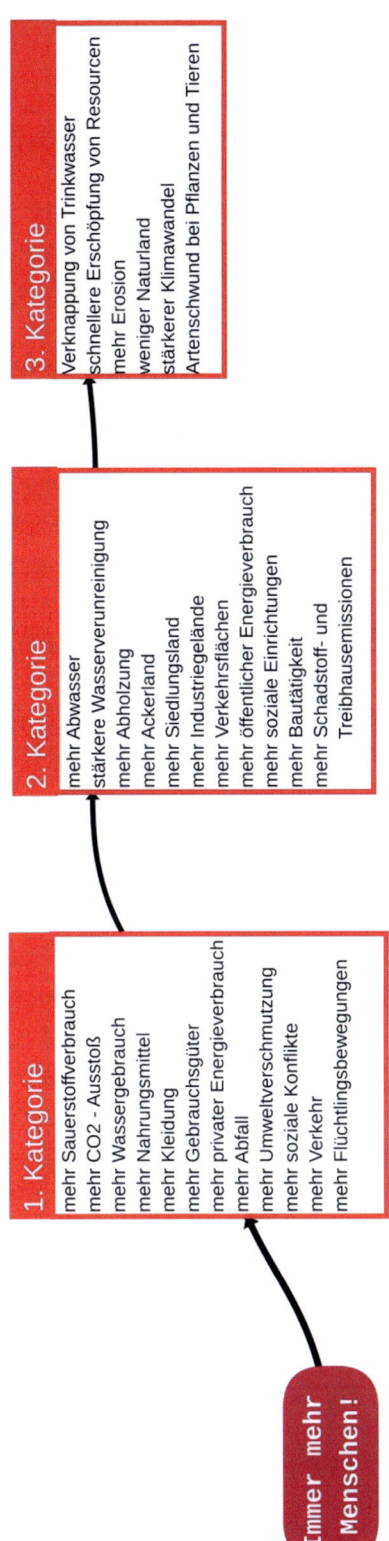

1. Kategorie

mehr Sauerstoffverbrauch
mehr CO2 - Ausstoß
mehr Wassergebrauch
mehr Nahrungsmittel
mehr Kleidung
mehr Gebrauchsgüter
mehr privater Energieverbrauch
mehr Abfall
mehr Umweltverschmutzung
mehr soziale Konflikte
mehr Verkehr
mehr Flüchtlingsbewegungen

2. Kategorie

mehr Abwasser
stärkere Wasserverunreinigung
mehr Abholzung
mehr Ackerland
mehr Siedlungsland
mehr Industriegelände
mehr Verkehrsflächen
mehr öffentlicher Energieverbrauch
mehr soziale Einrichtungen
mehr Bautätigkeit
mehr Schadstoff- und
    Treibhausemissionen

3. Kategorie

Verknappung von Trinkwasser
schnellere Erschöpfung von Resourcen
mehr Erosion
weniger Naturland
stärkerer Klimawandel
Artenschwund bei Pflanzen und Tieren

Immer mehr Menschen!

Abb. 4 Bevölkerungswachstum und seine Folgen

91

10.4 Fazit

In Abb. 2, Kapitel 10.2 wurden die prinzipiellen Zusammenhänge der das Klima bestimmenden und beeinflussenden Faktoren dargestellt. In dem vorhergehenden Kapitel 10.3. wird gezeigt, dass der Faktor Mensch durch die primäre (Atmung) und sekundäre (vom Menschen verursachte) CO_2-Belastung der Atmosphäre von wesentlicher Bedeutung für die Folgen des CO_2- Ausstoßes, nämlich die ständig fortschreitende Erderwärmung, ist. Diese Schlussfolgerung wird unterstrichen durch die Betrachtung der Folgerscheinungen des Bevölkerungswachstums, wie sie beispielhaft in der Abb. 4 dargestellt sind. Dabei umfassen die Folgeerscheinungen neben der vermehrten CO_2-Emission zugleich eine ganze Reihe von, durch den Menschen verursachten, Veränderungen, die zu einer Existenz-bedrohenden Störung des ökologischen Gleichgewichts auf der Erde führen. Diese Aussage und Folgerung wird durch das gegenwärtig zu beobachtende massive Artensterben im Pflanzen- und Tierreich deutlich unterstrichen (Fröhlich 2022). Der Artenschwund hat bereits ein Ausmaß erreicht, das auch für die breite Bevölkerung erkennbar ist.

Im Endeffekt muss wohl festgestellt werden, dass die z. Zt. laufenden vielfältigen Bemühungen zur Vermeidung der Umweltbelastungen notwendig und lobenswert sind. Sie sind jedoch nur kurz- bis mittelfristig (Jahre und Jahrzehnte) zielführend und das auch nur, wenn sie weltweit erfolgreich praktiziert werden. Von bleibendem Erfolg gekrönt werden sie sicher nur dann, wenn es gelingt, die Bevölkerungszahl auf der Erde auf ein Maß zurückzuführen, das im Einklang mit der Erhaltung des ökologischen Gleichgewichts steht. Davon sind wir z.Zt. noch weit entfernt. Es muss zur Erreichung dieses Ziels ständig bewusst gemacht werden, dass das Raumschiff Erde auch für Menschen nur eine begrenzte Kapazität hat, wenn die in der Zivilisation erreichten angenehmen Lebensbedingungen erhalten bleiben sollen.

Z.Zt. besteht der Eindruck, dass das Ökosystem auf der Erde durch die gegenwärtige Bevölkerungszahl von etwa 8 Milliarden (8×10^9), gemessen an dem von Menschen verursachten Temperaturanstieg und der gesamten Umweltverschmutzung und -belastung und deren Folgen (siehe Abb. 4), bereits überfordert ist. Es erscheint deshalb dringend geboten, sich mit dem Problem des Bevölkerungswachstums und der ökologisch verträglichen Bevölkerungszahl zu befassen. Eine Lösung des Problems der Überbevölkerung der Erde durch Auswandern der Menschen auf andere Planeten ist, wenn überhaupt, in absehbarer Zeit sicher keine realistische Möglichkeit.

11.   Versuch eines konzentrierten Gesamtbildes

Bereits seit dem 14. Lebensjahr habe ich mich kritisch mit dem Christentum, zu dem ich erzogen wurde, auseinandergesetzt. Diese Auseinandersetzung führte auf dem Weg der kritisch-rationalen Analyse zu meiner Abkehr, nicht nur vom christlichen Glauben, sondern generell von spirituellen Glaubensbekenntnissen (Religionen), Weltanschauungen (Buddhismus) und Ideologien (Marxismus-Leninismus). Ich glaube lediglich an Gott als Initiator der kosmischen Evolution im Universum, für deren Beginn z.Zt. der Urknall allgemein angenommen und akzeptiert wird. Ich habe mich mit dem Glauben an Gott als Auslöser der kosmischen Evolution der Tradition großer Denker in der Geschichte angeschlossen, angefangen bei Aristoteles (384-322 vor Christus), Kelsos (Celsus, ca. 178 nach Christus), über Plotin (3.Jahrhundert), Augustinus (354-430), Thales von Milet (6.Jahrhundert), Thomas von Aquin (1225-1274), Baruch Spinoza (1632-1677), Voltaire, (1786), vorübergehend Einstein (1879-1954) bis zu Hawking (2018).

In dem gedanklichen Bemühen um eine letzte Erklärung der Herkunft des Kosmos und unseres Daseins gibt es keine plausible wissenschaftliche Erkenntnis. Es bleibt allen Natur- und Geisteswissenschaftlern letztlich nur **der Glaube** an eine „letzte Erklärung" übrig. Dabei stehen der Glaube an Gott, Götter, Geister und das absolute Nichts auf einer Stufe (Ebene). Alle diese möglichen letzten Ursachen des Kosmos, seiner Evolution und damit unserer Existenz sind das Ergebnis intentionalen, d.h. zielgerichteten, Denkens der Menschen. Dabei ist eben die „letzte Erklärung" das eigentliche Ziel. Diese möglichen Ursachen des Seins sind der naturwissenschaftlichen Erkenntnis nicht zugänglich. Letzteres gilt auch für das Nirwana des Buddhismus und das absolute Nichts. Sie sind deshalb allein eine Frage des Glaubens und bilden die Grundlage für im Einzelnen darauf aufbauende, ausnahmslos von Menschen erdachte, Religionen, Weltanschauungen und Ideologien.

Mit der strengen und konsequenten Trennung zwischen spirituellem Glauben (siehe Kapitel 4, Tabelle 1, Ebene 0) und Wissenschaft (ebenda, Ebenen 1- 4) ist mein Ziel, Glaube und Wissenschaft kompatibel, d.h. vereinbar zu gestalten, erfüllt. Logischer Weise ist durch diese Vereinbarkeit infolge der Trennung von Glaubens- und Verstandesbereich (siehe Abb.1) der Einfluss des Glaubensbereichs auf das alltägliche Leben der Menschen ganz erheblich reduziert worden. Er muss sich notwendiger Weise auf die Suche nach dem individuell am besten akzeptierbaren Ziel (Gott, Götter, absolutes Nichts) beschränken und erfordert zugleich den völligen Verzicht darauf, aus dem individuellen Glauben Rechte abzuleiten, die das Zusammenleben in der menschlichen Gemeinschaft stören oder schädigen könnten.

Die Kommunikation mit Gott von Seiten des Menschen, das Gebet, besteht in einer einseitigen Botschaft von Mensch zu Gott. Es gibt kein gleichartiges „feed back". Die Rückäußerung besteht bestenfalls in dem psychischen (seelischen) Gefühl der Geborgenheit und dem Glauben, dass Gott dem Betenden hilft. Ob das Beten dem Seelenleben des Einzelnen hilft, kann nur jeder selbst herausfinden.

Am Beginn der kosmischen Evolution steht mit dem Urknall die Bildung aller nachweisbaren sichtbaren und unsichtbaren Materie (letztere die „dunkle Materie") – ein Prozess, der vermutlich ständig weiter läuft. Erst mit dem Urknall vor etwa $13,7 \times 10^9$ Jahren beginnt auch die Möglichkeit der naturwissenschaftlich-kritisch-rationalen Analyse und Erklärung der Evolutionen des Kosmos. Nach dem gegenwärtigen Stand des Wissens ist die Ursache des Urknalls noch nicht bekannt. Der Urknall ist möglicher Weise eine Störung der gleichmäßigen Verteilung der Quanten im unendlichen Raum und stellt den Beginn einer Reihe evolutionärer Prozesse dar, startend mit der kosmischen Evolution über die terrestrische, biologische Evolution, die Evolution der Kommunikation in der belebten Materie, die geistig-kulturelle Evolution mit der höchsten Entwicklungsstufe bei der Spezies Mensch. Anhaltspunkte für ähnliche oder gleiche Evolutionsprozesse auf Planeten unseres oder eines anderen Sonnensystems gibt es bisher nicht.

Die gesamte Evolution wird ermöglicht durch die Kommunikation, d.h. durch Informationsübertragung im weitesten Sinne, wenn man akzeptiert, dass auch alle chemischen und physikalischen Reaktionen kommunikative Prozesse sind.

Für die gesamte kosmische Evolution gelten die (von Gott erlassenen?) Naturgesetze quasi als „kosmisches Grundgesetz". Sie gelten also auch für unsere Welt (terrestrische Evolution), so wie sie ist, d.h. mit allen Naturkatastrophen und allem, was von den Menschen als positiv und negativ empfunden wird. Mit Ausnahme einiger Naturereignisse, z.B. Kontinentalverschiebungen, Erdbeben, Seebeben, Vulkanausbrüche, Kometeneinschläge und deren Folgen, sind für die Gestaltung des menschlichen Lebens auf unserem Planeten die Menschen selbst verantwortlich. Es gibt folglich keine Veranlassung, jemand Anderen, z.B. Gott oder Götter, dafür zur Verantwortung zu ziehen oder ihr Eingreifen in unsere Tagesabläufe anzunehmen. Dementsprechend sind auch alle spirituellen Lehren (Religionen, Weltanschauungen) und Ideologien reines Menschenwerk.

Das Bild des Menschen wird geprägt durch die primären und sekundären Grundbedürfnisse und deren Befriedigung.
   Die primären Grundbedürfnisse, in der nachfolgend angegebenen Reihenfolge von abnehmender Wichtigkeit, sind: Atmen - Trinken - Essen - Schlafen - überleben wollen - emotionale Zuwendung - in Gemeinschaft leben wollen - führen und geführt werden wollen - sexuelle Betätigung - körperliche Betätigung - Bedürfnis nach innerer Ruhe und psychischer Ausgeglichenheit - geistige Beschäftigung - Glauben/Spiritualität. Die Bedürfnisse Atmen, Trinken, Essen, Schlafen, überleben wollen, sexuelle und körperliche Betätigung sind quasi das animalische Erbe, das wir aus dem subhumanen Tierreich übernommen haben. Aus ihnen geht der physikalisch-biologische Lebensbereich des Menschen hervor.
   Die sekundären Grundbedürfnisse ergeben sich aus den drei primären Grundbedürfnissen, nämlich dem Bedürfnis nach innerer Ruhe und psychischer Ausgeglichenheit (Wohlbefinden), dem Bedürfnis nach geistiger

Betätigung (Erklärungsbedürfnis) und dem Glaubensbedürfnis (siehe oben). Sie bilden die Grundlage für den geistig-kulturellen Lebensbereich und heben den Menschen qualitativ von dem subhumanen Tierreich ab. Allerdings sind Ansätze für die Entwicklung dieser Bedürfnisse im subhumanen Tierreich durchaus erkennbar.

Aus der Interaktion des physikalisch-biologischen und des geistig-kulturellen Lebensbereichs ergibt sich quasi als Bindeglied der Bereich der psychologischen Befindlichkeit des Individuums mit seiner Seele und der Befindlichkeit der Gesellschaft (siehe unten).

Der Zustand der inneren Ruhe und psychischen Ausgeglichenheit kann nur durch „in sich versenken", d.h. Kontemplation und/oder Gebete erreicht werden. Dabei können verschiedene Denkschulen, Weltanschauungen oder Glaubenslehren (Religionen) durchaus hilfreich sein. Allerdings können diese durch geschickte machthungrige „Denkenslenker" auch persönlich und politisch missbraucht werden und zu fatalen Folgen wie Sektenbildung mit abstrusen Ansichten und Handlungen bis hin zu Kriegen führen (z.B. Kreuzzüge, Eroberung Südamerikas durch die Spanier, Religionskriege, Weltkriege).

Psyche und Persönlichkeit, gesteuert von dem Expressionsmuster der Gene und den Umwelteinflüssen, sind etwa im Alter von 14 Jahren weitgehend abgeschlossen.

Alle Religionen einschließlich der 3 Offenbarungsreligionen (Judaismus, Christentum, Islam), alle Weltanschauungen (z.B. Buddhismus) und andere Ideologien sind Menschenwerk. Sie sind erdacht zur Befriedigung des urmenschlichen Erklärungs- und Glaubens-(Spiritualitäts-)Bedürfnisses. Sie sind mithin alle nur dann der kritisch-rationalen Diskussion und Analyse zugänglich und unterworfen, soweit sie den Anspruch erheben, in den Lauf dieser Welt einzugreifen. Ansonsten sind sie reine Glaubensangelegenheiten.

Zu dem Bedürfnis nach geistiger Betätigung gehören die Kategorien Bewusstsein, Traum, Vorstellung und Erinnerung. Ferner gehören dazu oder sind in den genannten Kategorien enthalten die Inhalte der Begriffe wie Wissen, Vernunft, Wahrheit, Verstand, Idee, Freiheit, Gott, Religion (Spiritualität), Moralität (Ethik, Moral, Sitten und Gebräuche, d.h. gesellschaftlich vereinbarte Normen), Recht, Gerechtigkeit, Liebe und nicht zuletzt die Seele. Alle diese Vorgänge spielen sich zunächst einmal im Gehirn ab und alle Folgen haben dort ihren Ausgangspunkt.

Die Seele ist die Summe aller Wahrnehmungen und Empfindungen, die Gesamtheit aller Vorgänge, die sich aus unserem bewussten, vorbewusst-intuitivem und unbewussten Fühlen, Denken, Wollen und Handlungsplanen ergeben. Sie basiert also auf der mehr oder weniger vollzogenen und gelungenen Befriedigung der primären und sekundären Grundbedürfnisse. Deren bewusste und unbewusste Reflexion bildet die Grundlage für das Konzept der Willensfreiheit und des moralischen (ethischen) Handelns. Die Seele ist strukturell und funktionell untrennbar an die Funktion des Gehirns gebunden, kann sich erst nach der embryologischen Herausbildung der entsprechenden Zellen entwickeln (ontogenetische Entwicklung) und erlischt mit dem Ausfall dieses biologischen Systems. Ihren Zustand erleben wir als psychologische Befindlichkeit. Der Grad der Ähnlichkeit der psychologischen Befindlichkeit zwischen den Individuen ist ausschlaggebend für deren Zusammenschluss zu Gruppen.
  Die Seele oder Psyche befindet sich in ständiger Wechselwirkung mit dem Körper, d.h. sie beeinflusst die körperlichen Funktionen und Strukturen, wie umgekehrt, der körperliche Zustand und seine Funktionen auf den Zustand der Psyche einwirkt. Diese Wechselwirkung wird unter dem Begriff der Psychosomatik zusammengefasst. Sie bildet mit hoher Wahrscheinlichkeit die Grundlage für die mechanistische Erklärung der positiven Wirkung von Placebos, Naturheilverfahren, Homöopathie, Gebeten, Yoga Ayurveda und anderen Übungen, die der Konzentration und dem „In sich Versenken" dienen, dadurch den Gesundheitszustand positiv beeinflussen und in vielen Fällen zur Heilung von Krankheiten führen. Auch seltene Spontanheilungen bei schweren Erkrankungen und sog. Wunderheilungen, z.B. bei oder nach dem Besuch von bestimmten Pilgerstätten, dürften auf diesen psychosomatischen Mechanismus zurück zu führen sein.

Für den postmortalen Übergang der Seele in andere biologische Systeme (Seelenwanderung) oder zu Gott gibt es keinerlei naturwissenschaftliche Anhaltspunkte.

Außer dem „Recht des Stärkeren (Survival of the Fittest)" existieren keine naturgegebenen Rechte. Die in der menschlichen Gesellschaft festgelegten Rechte sind Vereinbarungen, die auf der in den einzelnen Kulturkreisen geltenden Moralität basieren und in Gesetzesform verbindlich niedergelegt werden. Sie sind mithin zwischen Menschen vertraglich vereinbarte Regelungen und aufgrund der Gesetzesform einklagbar. Daraus resultiert zwangsläufig, dass es keine Tierrechte geben kann, da wir im subhumanen Tierreich keine Verhandlungspartner für entsprechende Vereinbarungen und Vertragsabschlüsse haben.

Die naturwissenschaftlichen Erkenntnisse aus den Wissensgebieten Genetik inclusive Epigenetik, Embryologie, Morphologie (Anatomie, Histologie), Physiologie, Biochemie und Neuropsychologie zeigen, dass alle Menschen von Natur aus ungleich sind. Dementsprechend sind alle gesellschaftspolitischen Modelle, Systeme und Maßnahmen unrealistisch und zum Scheitern verurteilt, die von der prinzipiellen Gleichheit der Menschen ausgehen. Aufgrund der Natur des Menschen wird es immer ein Erfolgs- und Hierarchiegefälle in der Gesellschaft geben. Das Ziel einer naturwissenschaftlich begründeten Gesellschaftspolitik kann deshalb nur sein, die aus der biologischen Ungleichheit resultierenden Nachteile von Menschen in der Gesellschaft zu mildern. Dabei werden die Schwachen nicht gestärkt, indem die Starken geschwächt werden und es wird kein Mitgefühl (Brüderlichkeit, Barmherzigkeit) gefördert, indem der „Klassenhass" geschürt wird. Man hilft den biologisch benachteiligten Menschen auch nicht, indem man das für sie tut, was sie selbst tun können.

Ein primäres Grundbedürfnis der Menschen ist, in Gemeinschaften zu leben. Um das Zusammenleben auskömmlich zu gestalten, ist die Einhaltung bestimmter Grundregeln erforderlich. Diese Grundregeln sind die Voraussetzung für gesetzliche Regeln aller Art und können unter dem Begriff der Moralität zusammengefasst werden. Unter Moralität sind hier die Normen in Form von Ethik, Moral, Sitten und Gebräuchen kategorisiert. Auch Moralität unterliegt einem evolutionären Prozess, d.h. Vorstufen der humanen Moralität existieren bereits im subhumanen Tierreich. Mithin ist die humane Moralität nicht durch die Religionen entstanden, obwohl diese die Etablierung sicher katalysiert haben.

Die o.g. Kategorien der humanen Moralität sind in den verschiedenen Kulturkreisen auf der Welt z.T. recht unterschiedlich, darüber hinaus einem ständigen Wandel unterworfen und nehmen in der genannten Reihenfolge (siehe oben) hinsichtlich ihrer Bedeutung, Verbindlichkeit und ihres Geltungsbereiches ab. Dennoch gibt es eine Reihe von Normen (Grundregeln), die sich in der Menschheitsgeschichte für das friedliche Zusammenleben der Menschen in der Gesellschaft als so nützlich erwiesen haben, dass sie nahezu weltweit und zeitlos gelten. Nicht zuletzt hat dazu beigetragen, dass sie der menschlichen Natur (siehe oben) entsprechend Rechnung tragen. Als wichtigste Empfehlungen dürften gelten, nicht zu morden, nicht zu stehlen, nicht zu lügen und dem Nächsten nicht den Besitz wegzunehmen.

Niemand darf anderen mit Gewalt seine eigenen Ansichten aufzwingen. Dabei wachsen Einsichten, die das Ausleben des individuellen und/oder kollektiven Egoismus begrenzen, nur durch überzeugende Argumentation, und, wenn dies erfolglos ist, durch physisch-biologische Zwänge (Strafmaßnahmen). Andererseits dürfen die individuelle Freiheit und das Ausleben der eigenen Kreativität nicht eingeschränkt werden, solange sie das friedliche Zusammenleben der Gemeinschaft (Gesellschaft) nicht stören. Jeder muss sich bemühen, fair (anständig) mit seinen Mitmenschen umzugehen. Die Geschichte lehrt uns, dass diese, dem geistig-kulturellen Lebensbereich zuzuordnenden Errungenschaften der Zivilisation äußerst fragil sind und unter extremen Belastungen der Menschen innerhalb kürzester Zeit (Tagen bis Wochen) verloren gehen können.

Ein Schutzmechanismus für das individuelle psychische Wohlbefinden dürfte die Einsicht sein, dass man nicht alles Leid dieser Welt tragen kann und muss. In gleicher Weise kann keine gesellschaftliche Formation, kein Staat und keine Staatengemeinschaft die Verantwortung für das Wohlergehen der gesamten Welt und ihrer Bevölkerung übernehmen.

Niemand sagt Worte und vollbringt Taten von Ewigkeitswert, weil es keine absolute Wahrheit gibt.

Die Erde umkreist die Sonne mit einer Geschwindigkeit von 40.000 km/Stunde einmal in 365 Tagen und stellt eine Art Raumschiff mit einer begrenzten Kapazität dar. Der Energiezufluss aus dem All beschränkt sich auf die Sonnen-, Weltraumstrahlung und die Gravitation. Der durch diese Quellen nicht zu befriedigende Energiebedarf auf der Erde muss durch erdgebundene Energiequellen erzeugt werden. In erster Linie sind hier die fossilen Energiequellen Kohle, Öl, Gas und Holz zu nennen. Für die Erzeugung von Atomkraft steht Uran zur Verfügung. Alle diese erdgebundenen Energiequellen haben zwei große Nachteile: sie sind erschöpflich und verursachen erhebliche Schadstoff- und klimaschädliche Gasemissionen, die langfristig zu einer Beeinträchtigung der Lebensbedingungen auf der Erde führen. Die Menschheit ist deshalb langfristig darauf angewiesen, den Energiebedarf aus Quellen zu decken, die auf unabsehbare Zeit unerschöpflich sind. Zu nennen sind hier die Sonnenenergie, die Gravitation, die Wind- und Wasserkraft, Wasserstoff sowie die Kernfusion.

Ein besonderes Problem stellt die ständig wachsende Bevölkerungszahl auf der Erde dar. Sie wird bei den Berechnungen der weltweiten CO_2-Emissionen bisher offensichtlich noch nicht berücksichtigt, obwohl sie bei den Ursachen nach der Industrie (ca. 26 %) vermutlich der zweitgrößte Emittent (ca. 19 %) neben der gesamten Landwirtschaft und Landnutzung ist und in etwa der gleichen Größenordnung liegt. Weitaus größer wird der Anteil der von Menschen verursachten Emissionen von Schadstoffen und Treibhausgasen, wenn man die Folgen des Bevölkerungswachstums in die Überlegungen einbezieht. Darüber hinaus führt die ständige Ausbreitung der Spezies Mensch zu einer zunehmenden territorialen Verdrängung subhumaner Spezies im Pflanzen- und Tierreich mit der Folge eines massiven Artenschwundes.

Da ein Auswandern der Menschen auf andere Planeten in absehbarer Zukunft keine realistische Möglichkeit für die Begrenzung der Bevölkerungszahl auf der Erde darstellt, bleiben als Problemlösung nur die Bemühungen um eine kurz- bis mittelfristige (Jahre bis Jahrzehnte) Reduzierung der Emissionen. Diese Bemühungen werden jedoch nur dann von Erfolg gekrönt sein, wenn sie weltweit praktiziert werden. **Langfristig wird wohl nur eine Verminderung des Bevölkerungswachstums, besser noch seine völlige Verhinderung und eine Rückführung der Bevölkerungszahl auf ein ökologisch verträgliches Maß als wirkliche Problemlösung übrig bleiben.**

„Am Ende ist alles gut, und wenn es nicht gut ist,
ist es noch nicht am Ende"
(Oscar Wilde)

12. Danksagung

Für die hilfreichen Rückäußerungen und Anregungen aus dem Freundeskreis bedanke ich mich herzlich bei:

Prof. Norbert Angermann, Prof. Anne-Rose Apel-Günzel, Clara und Karl-Friedrich Borck, Prof. Erich Gerhards (verstorben), Dr. Michael Hümpel, Prof. Liselotte Jelowik (verstorben), Klaus Jopke, Georg Lischke, Hans Markgraf, Winfried Köhn, Irmtraut Leupold, Paul Leupold, Helga Otto, Dr. Christel Schöbel, Eva Schuhmaier, Lucia Stadler, Dr. Ilse Steckner, Prof. Roland Szostak, Gisela Wagner.

Meiner Frau danke ich herzlich für die Geduld, mit der sie mich an meinem Schreibtisch walten lassen hat.

13.   Literatur- und Quellenverzeichnis

Anonymus, (https://planet-wissen.de/natur/forschung/entstehung_des_lebens/index.html, 17.12.2018).

Bekoff, Marc; Social play behaviour: cooperation, fairness, trust, and the evolution of morality. Journal of Consciousness Studies, 8, 81-90 Zitat S. 85;2001, zitiert aus de Waal, 2015, S. 308)" .

Beutelsbacher, Stefan, Was Einstein in seinem „Gottesbrief „ schrieb; https://www.welt.de/wirtschaft/article 185032492/Christie-s-Einsteins

Bibel 2. Mose 20,4

Boetcker, William John Henry; *(The ten Cannots)* Zitiert nach H. Markwort, Focus 46/2015, S. 166

Bolz, Robert; Diskurs über die Ungleichheit. Wilhelm Fink Verlag München 2009)

Borgest, B., Kowalewsky, A.; Grafik der Woche. Null statt Giga. Wie eine katastrophale Erhitzung der Erde abwenden? Den Menschen bleibt wenig Zeit. Focus 45/2021, Seiten 16-17

Bundeszentrale für politische Bildung/bpb; Informationen zur politischen Bildung Nr. 282 (2013); ISSN 0046-9408 - Seite 6

Clegg, Brian; Vor dem Urknall; Eine Reise hinter den Anfang der Zeit. Rowohlt Taschenbuch Verlag, Reinbeck bei Hamburg, 2013, Seiten 17, 206 (Originalausgabe „Before the Big Bang", St. Martin's Press, New York, 2009) ISBN 978 3 499 62775 0

Das Psychologie-Lexikon, Waisenkinderversuche, 19.9.14 NLP-Basis Fulda

Dennett, Daniel, C.; Den Bann brechen. Religion als natürliches Phänomen. Verlag der Weltreligionen im Insel Verlag, Frankfurt am Main und Leipzig, 2008, Seite 285 ISBN 978-3-458-71011-0

Deschner, Karlheinz; Kriminalgeschichte des Christentums. Reinbeck 1986, zitiert nach Schmidt-Salomon, 2006 (siehe unten)

Deschner, Karlheinz; Kriminalgeschichte des Christentums. Rowohlt Taschenbuch Verlag, Reinbeck bei Hamburg, 8. Auflage 2013

De Waal, Frans; Der Mensch, der Bonobo und die Zehn Gebote; Moral ist älter als Religion. Verlag Klett-Cotta, J.G.Cotta'sche Buchhandlung, Stuttgart, 2015 ISBN 978-3-608-98045-5, Zweite Auflage 2015

Ehrmann, Bart D.; Abgeschrieben, falsch zitiert und missverstanden; Wie die Bibel wurde, was sie ist. Gütersloher Verlagshaus, Gütersloh, in der Verlagsgruppe Random House GmbH, Mümchen, 2008, ISBN 978-3-579-06450-5.

Einstein, Albert; Zitiert aus: War Einstein religiös? Man Glaubt Es Nicht (2016), https://manglaubtesnicht.wordpress.com/2013/09/28war-einstei-religiös/ Christliche Zitate Sammlung (2016); http://www.evangeliums.net/zitate/sammlung_drucken.php (14.01.2016

Finkelstein, Israel; Silbermann, Neil A.; Keine Posaunen von Jericho; Die archäologische Wahrheit über die Bibel. Verlag C.H. Beck oHG, München, 2002, ISBN 3-406-49321-1.

Friedman, Richard, Elliott; Wer schrieb die Bibel? So entstand das Alte Testament. Anaconda Verlag (2021); ISBN 978-3-86647-144-3 Seite 322, 324-325, 328-343

Friedrich II zitiert aus Venohr, Wolfgang; Fritz der König. Leben und Abenteuer Friedrichs des Großen mit Bildern von Adolph von Menzel.
Gustav Lübbe Verlag GmbH & Co. KG, Bergisch Gladbach, 1981
ISBN 3-7857-2035-1; Seite 212

Fröhlich, Sonja; Wettlauf mit dem Tod.
Focus 35/2022, Seiten 64-75

Goethe, von, Johann-Wolfgang; Wilhelm Meisters Lehrjahre: VI. Buch, Bekenntnisse einer schönen Seele

Harari, Yuval Noah; Eine kurze Geschichte der Menschheit.
Deutsche Verlagsanstalt München, 30. Auflage 2018
ISBN 978-3-570-55269-8; Seite 272, 476

Hartmann-Wolff, Elke; Gottschling, Claudia; Vogel, Eva-Maria
Die Kraft in uns; Focus Nr. 29/16 vom 10.07.2016 S. 72-81

Hasinger, Günter; Das Schicksal des Universums, eine Reise vom Anfang zum Ende. C.H.Beck Verlag München, 3.Aufl. 2008, S. 265

Hawking, Stephen; Eine kurze Geschichte der Zeit.
Rowohlt Taschenbuch Verlag, Dezember 2011, 17. Auflage 2018, Seite 8
Seiten 23, 26, 159, 165, 233-234, 260

Hawking, Stephen; Kurze Antworten auf große Fragen.
J.G. Cotta'sche Buchhandlung, Stuttgart, 2018, S. 46
ISBN 978-3-608-96376-2
Seiten 50-51, 53, 75, 101, 102-103, 184

Hitchens, Christopher; Der Herr ist kein Hirte. Wie Religion die Welt vergiftet; Karl Blessing Verlag, München, 2007; ISBN 978-3-89667-355-8

Hobbes, Thomas; Grundzüge der Philosophie. Zweiter und dritter Teil: Lehre vom Menschen und Bürger. Felix Meiner, S. 61-63, 1918; Originalausgabe: De Cive. 1642; zitiert nach de Waal, 2015, S 310

Joas, Hans; Kirche als Moralagentur?
Kösel-Verlag, München, 2016; ISBN 978-3-466-37175-4, S. 47, 54-55

Kelsos (Celsus); Wahre Lehre; Streitschrift gegen das Christentum, ca. 178 nach Christus; Wikipedia 23.06.2016

Koestler, Arthur; Sonnenfinsternis, Roman
Deutscher Taschenbuch Verlag GmbH & co. KG, 1967, S. 164

Konfuzius, 551 – 479 v. Chr.; http.//de.wikipedia.org/wiki/Konfuzius

Konvention zum Schutze der Menschenrechte und Grundfreiheiten in der Fassung des Protokolls Nr. 11 (http://conventions.coe.int/treaty/ger/treaties/html/005.htm

Kramp, Willy; Brüder und Knechte; Biederstein Verlag München, 1963

Kramp, Willy; Das Versteck; Quell Verlag Stuttgart, 1984, Seite184

Krishnamurthy, Ramanarayanan; Experimentally investigating the origin of DNA/RNA on early Earth. Nature Communications 9, 5175, 2018
www.nature.com/naturecommunications

Kubitza, Heinz-Werner; Der Jesuswahn; Wie die Christen sich ihren Gott erschufen. Die Entzauberung einer Weltreligion durch die wissenschaftliche Forschung.; Tectum Verlag Marburg, 2011, ISBN 978-3-8288-2435-5

Laudert-Ruhm, Gerd; Jesus von Nazareth; Das gesicherte Basiswissen.
Kreuz Verlag GmbH & Co.KG, Stuttgart, Zürich, 2002, ISBN 3-7831-2147-7

Maht, Karl-Heinz; Die großen Religionen der Welt
Droemersche Verlagsanstalt TH. Knaur Nachfolger 1981, ISBN 3-426-26034-4
Seite 44, 48

Moser, I.; Heilende Wirkung von Gebet und Meditation.
http://www.gesundheitstrends.de/gesundheitstrends/interviews/gebet.php

NDAA zitiert aus Focus 40/2021, Seite 76

Obama, Barack; Ein verheißenes Land. Penguin Verlag in der Random House
Verlagsgruppe GmbH, München, 2020, ISBN 978-3-328-60062-6
Seite 103

Pagels, Elaine; Das Geheimnis des fünften Evangeliums; Warum die Bibel nur
die halbe Wahrheit sagt. Verlag C. H. Beck oHG, München 2004;
ISBN 3 406 52242 4

Popper, Karl; Objektive Erkenntnis. Ein evolutionärer Entwurf.
Verlag Hoffmann und Campe 2. Auflage 1974 ISBN 3-455-09088-5

Potzel, Dieter; Die Essener und die Schriften von Qumran: „Verschlusssache
Jesus"? Der Theologe, Nr. 15, Hrsg., Fassung vom 05.05.2015

Roth, Gerhard; Fühlen, Denken und Handeln. Wie das Gehirn unser Verhalten steuert. Suhrkamp, Frankfurt, 2001

Roth, Gerhard, Strüber, Nicole; Wie das Gehirn die Seele macht.
ISBN 978-3-608-94805-9; Klett-Cotta, 2014
Seiten 43, 144-152, 156, 181, 199, 238, 243, 244, 370, 380, 382-383, 285

Schalamow, Warlam; Durch den Schnee; Erzählungen aus Kolyma I.
Matthes & Seitz, Berlin, ISBN 978-3-88221-600-4
Seiten 232-235, 283

Schlieper, Andreas; Bibel für Ungläubige; Ratgeber für alle Lebenslagen
Gräfe und Unzer Verlag, 1. Auflage 2008, Seite 14

Schmidt-Salomon, Michael; Manifest des evolutionären Humanismus.
Alibri Verlag, 2. Aufl. 2006

Schwentker, Björn; Lonely Planet? (Eine Alternative zur neuen UN-Prognose
http://www.demografie-blog.de, 14.06.2013

Scobel, Gert; Der Ausweg aus dem Fliegenglas.
Fischer Taschenbuch Verlag, 2010, S.294.

Sinn, Hans-Werner; Auf der Suche nach der Wahrheit. Autobiografie.
Verlag Herder GmbH, Freiburg im Breisgau 2018, 2. Auflage,
ISBN 978-3-451-34783-2
Seiten 250, 268

Smolin, Lee; Quantenwelt; Wie wir zu Ende denken, was mit Einstein be-
gonnen hat. Deutsche Verlagsanstalt, München, 2019,
ISBN 978-3-421-04686-4
Seiten 222, 234, 302-303, 328

Umweltbundesamt; Treibhausgase & Treibhauseffekt; 02.02.2022

Venohr, Wolfgang; Fritz der König. Leben und Abenteuer Friedrichs des Gro-
ßen mit Bildern von Adolph von Menzel. Gustav Lübbe Verlag GmbH & Co.
KG, Bergisch Gladbach, 1981; ISBN 3-7857-2035-1
Seite 212

Vogel, Christoph; [48/21[Grafik der Woche; Noch Fragen zur Rettung des
Klimas? Leserzuschrift; Focus 49/2021, Seite 118

Voltaire (1786); Oevres complètes de Voltaire, Bd. 10. Paris: Garnier, S. 402

Weber, Max; Politik als Beruf. Erstmals veröffentlicht Verlag Duncker und Humblot, München und Leipzig 1919; Liwi Verlag Göttingen, 2. Auflage 2018 ISBN 978-3-96542-041-0
Seiten 42, 48

Weischedel, Wilhelm; Die philosophische Hintertreppe. Die großen Philosophen in Alltag und Denken. WBG, Wissenschaftliche Buchgesellschaft, Darmstadt, 2017, ISBN 978-3-650-40208-0
Seiten 15, 17, 53, 65, 67, 85, 117, 167, 184-185, 186-187, 248, 293, 295-296, 322, 326-329

Wikipedia
- Fair/Fairness 24.08.2020
- Genom 08.01.202
- Höhlenmalerei 27.08.2017
- Loyalität 24.08.2020
- 17.12.2018
- Lebenssinn 22.01.2021
- Kant, Kategorischer Imperativ, 20.12.2021
- Limbisches System, 14.01.2022
- Psychosomatik, 26.05.2021
- Shamanismus, 31.01.2022

Yogawiki. Psychosomatik, 24.11.2021

Zitlau, Roman; Rätsel und Kuriositäten in der Welt der allerkleinsten Dinge. In Lesch, Harald, Die Entdeckung des Higgs-Teilchens oder wie das Universum seine Masse bekam. C. Bertelsmann Verlag, München 1. Auflage, 2013, S. 90

14.   Abbildungs- und Tabellenverzeichnis

15.   Schlagwortverzeichnis